Como você diria em Inglês?

MÁRCIO WILFORD

DEDICATÓRIA

Aos meus incríveis alunos

Este livro é um testemunho de nossa jornada juntos, repleta de perguntas curiosas e momentos memoráveis. Cada pergunta inusitada que vocês fizeram ao longo dos meus 10 anos como professor de inglês inspirou este trabalho. Que as respostas aqui contidas sejam tão enriquecedoras e divertidas quanto nossa jornada de aprendizado tem sido. Agradeço por sua curiosidade, criatividade e pelo privilégio de aprender e crescer com vocês a cada dia.

Com todo o carinho,
Márcio Wilford

CONTEÚDO

PREFÁCIO

você já parou para pensar como a língua inglesa está repleta de expressões e gírias que dão vida à comunicação? dominar essas nuances é como abrir uma porta para um mundo de conexões mais profundas e significativas. em "como você diria em inglês?", mergulhamos nesse universo, explorando cada expressão como uma peça-chave para a fluência autêntica.

expressões e gírias não são apenas palavras; são janelas para a cultura e a mentalidade de um povo. elas revelam muito sobre como os falantes nativos entendem e interagem com o mundo ao seu redor. ao aprender essas nuances, você não apenas aprimora sua habilidade de se comunicar, mas também desenvolve uma compreensão mais profunda da cultura e da sociedade de língua inglesa.

além disso, o uso correto de expressões e gírias pode fazer toda a diferença em sua comunicação. elas adicionam cor e autenticidade ao seu discurso, tornando-o mais envolvente e impactante. imagine-se dominando essas expressões, não apenas falando o idioma, mas verdadeiramente se comunicando como um nativo.

"como você diria em inglês?" é mais do que um livro; é uma jornada de descoberta e conexão. é sobre abrir portas e construir pontes entre culturas. é sobre se expressar de forma autêntica e genuína. então, venha conosco e mergulhe nesse mundo fascinante das expressões e gírias em inglês. sua jornada para a fluência autêntica começa aqui.

AGRADECIMENTOS

Fico muito feliz por ter escrito este livro, pois ele representa uma contribuição para o aprendizado de todos que desejam aprimorar seu inglês. Como professor, minha maior satisfação é poder compartilhar conhecimento e auxiliar no desenvolvimento das habilidades linguísticas de meus alunos, amigos, familiares e de todos que buscam aprender.

Agradeço ao Deus Criador, fonte de toda sabedoria, por me guiar nesta jornada de aprendizado e por inspirar cada página deste livro. Agradeço também a Thiago França, Daniella, que me incentivaram na criação deste e-book, e ao Professor Nel Ferreira por suas contribuições e observações, que enriqueceram este projeto.
Espero que este material seja uma ferramenta valiosa em sua jornada de aprendizado da língua inglesa. Que cada página seja uma oportunidade de descobrir algo novo e de fortalecer suas habilidades no idioma.

NOVINHA, MINA, GATA

Como dizer "novinha, mina, gata" em inglês

Mas e ai! Como se fala novinha, mina, gata em inglês? Antes vamos fazer uma pequena descrição sobre uma gíria antiga e que hoje voltou com toda força. Quando eu era criança ouvia muito minha tia elogiar aos homens muito atraente chamando-os de "pão ou pedaço de mau caminho". É mais usado por mulheres quando querem se referir a homens, mas o contrário também acontece! Existem inúmeras gírias que se referem aos homens atraentes. **Hunk: s homem grande, forte e sexualmente atraente, pedaço de mau caminho, gostosão. I met a real hunk at the beach yesterday.** / Eu conheci um pedaço de mau caminho na praia ontem.

Agora vamos continuar falando das gatas, garotas, minas, novinha, doidinhas, (boyzinhas para os potiguares).

Juliana is a piece of meat! / A Juliana é um gata!

The new teacher is a real meat, don't you think? A nova professora é uma gata, você não acha?

Broad significa mina, novinha, mulher atraente

Check out that broad at the next table. / Dá uma olhada naquela novinha na outra mesa.

Chick além de significar pintinho (filhote da galinha) como gíria quer dizer gata, novinha, garota:

Check out those chicks in the pool! They are real piece of meat! / Se liga naquelas minas na piscina! São gatinhas!

Babe s. mulher bonita, garota, gata, novinha

So, meet any babe at the beach? / E aí! Descolou alguma novinha na praia?

Hey babe, what's wrong? Leon told me you didn't seem too happy today at school. / Aí, novinha, o que tá pegando? Leon me disse que você não parecia muito feliz hoje na escola.

Ana or Julia? / Ana ou Julia?

"man, those girls are babes" / **Mano, aquelas minas são gatas**

"Julia is fucking sexy as hell" / "Julia é sexy pra c#r#lho"

"yeah, she's a babe" / "sim, ela é uma gata"

NAMORAR, SAIR, FICAR

Como dizer namorar, sair, ficar com alguém em inglês

Namorar é bom, conhecer pessoas, sair, fazer amizade etc. Lembro-me de uma vez que comecei a sair com uma **real stunner** (mulher muito gata). Acontece que, minha mãe gostava de **poke her nose into my life** "meter o bedelho" em minhas escolhas, mas ela sempre acertava. Dizia coisas como: "- cuidado meu filho, essa mulher tem cara de **mantrap**! golpista, bandida, cobra". Mas sabe como é, né? **Love is blind** "o amor é cego". Outra ocasião foi quando cheguei em casa com um **terrible love bite** "puta chupão" no pescoço. Pronto, minha mãe começava **to nag me** "me encher o saco". Agora vamos ver alguns exemplos abaixo:

To date é namorar em inglês

She said she's not ready to date yet. / Ela disse que ainda não está pronta para namorar.

They've been dating since last year / Eles estão namorando desde o ano passado.

Um **Phrasal** verb muito utilizado para nos referirmos a "sair com alguém" é **go out together**:

Are they going out together or are they just friends? / Eles estão namorando ou são apenas amigos?

Tom has been going out together Lucy for six weeks. / Tom está saindo com Lucy há seis semanas.

Podemos usar também **go with**:

Jane has been going with Paul for months. / Jane está namorando Paul há meses.

I have been going with Anna for two years / Estou namorando a Anna ha dois anos.

Ask out é uma ótima opção para quem quer convidar alguém para sair com intenções amorosas.

I'd like to ask out Juliana to the cinema but I'm afraid she'll say no. / Eu gostaria de convidar Juliana para ir ao cinema, mas tenho medo de que ela diga não.

I asked out Anna to the beach and she said yes! / Convidei a

Anna para ir à praia e ela aceitou.

Get together – começar um namoro, relacionamento amoroso.

When did you and John get together? / Quando você e John começaram a namorar?

E por fim! Não poderia deixar de falar daqueles que gostam de namorar dentro do carro. É lógico que dar uns amassos dentro do carro é para quem pode, pois quem não pode usa o carro do amigo ou a rua mesmo! risos.

A gíria smooch que dizer – beijar, dar um amasso, ficar.

They're smooching in the car. / Eles estão dando uns amassos dentro do carro.

Didn't you see Carlos smooching with Erika at Kim's party? Você se ligou no Carlos dando uns amassos na Erica na festa do Kim?

Suck face significa – beijar prolongadamente, dar um amasso.

They were sucking face on the backseat. / Eles estavam dando uns amassos no banco de trás do carro.

I had to look at the clock, I had no idea what time it was because we were sucking face for so long. / Tive que me ligar no relógio, não tinha ideia de que horas eram, pois estávamos nos pegando por muito tempo.

ENROLÃO

Como dizer "enrolão" em inglês

Não sei se essa gíria é conhecida em todo território brasileiro. Enrolão / Caloteiro é uma pessoa que pega dinheiro emprestado e não gosta de pagar. Em inglês temos duas expressões que são welcher ou deadbeat. **Deadbeat** é a mais utilizada pelos falantes.

Deadbeat

He's a real deadbeat who never pay his debt. / Ele é um p#ta de um enrolão, ele nunca paga suas dívidas.

That deadbeat left town owing US $ 5,000. / Aquele velhaco saiu da cidade nos devendo 5,000 dólares

John is such a deadbeat, he owe me $ 200,00 / John é um enrolão, ele me deve $ 200,00

Andrew was accused of being a deadbeat. / Ele foi acusado de ser caloteiro.

The deadbeat still owes me two months of rent! / O Enrolão ainda me deve dois meses de aluguel!

If you are classified as a deadbeat, your borrowing power will suffer. / Se você for classificado como enrolão (caloteiro), seu poder de obtenção de crédito sofrerá.

MÃO DE VACA
Como dizer "mão de vaca" em inglês

Quem não tem um amigo ou alguém da família que pula a porta para não gastar o ferrolho e freia com o pé para não gastar o freio? Em outras palavras, quero dizer **"pão-duro"**. Segundo, literalmente, "pão-duro" em inglês é **"hard bread"**. Portanto, isso é o que falamos quando um pão de verdade está duro. Então, como se diz **"pão-duro"** em inglês? **"Pão-duro"** é **"mão-de-vaca"**, **"muquirana"**, **"sovina"**. No entanto, depende muito de cada região no Brasil, pois a expressão muda e tem outras formas de dizer **"pão-duro"**.

Aqui, aparecem várias gírias e algumas delas são: **"stingy"**, **"tight-fisted"**, **"penny-pinching"**, **"cheapskate"**, **"cheese-sparing"**, **"mean",** pois são mais comuns no inglês britânico; "mingy" também é comum no inglês britânico. No entanto, **"miser"** e **"scrooge"**, **"cheap"** são comuns no inglês americano. Por fim, vamos escrever alguns exemplos de frases abaixo e ensinar como dizer **"mão de vaca"** em inglês.

Vejamos em algumas frases:

Cheap

Don't be so cheap! / Não seja tão pão duro!

He's too cheap to take a uber. / Ele é pão-duro demais para pegar um uber.

Tight-fisted

Don't wait for Gillian to buy you a drink – he's too tight-fisted. / Não espere que Gillian pague uma bebida para você – ele é muito mão-de-vaca.

Scrooge

He's a mean old scrooge! / Ele é um velho ruim e pão duro!

What a miserable old devil Scrooge was! / Que desgraçado miserável e mão de vaca ele era!

You're turning into a real scrooge! / Você está se transformando p#ta mão-de-vaca!

Stingy

He's very stingy about lending money. / Ele é muito pão duro para emprestar dinheiro.

A ÚLTIMA BOLACHA DO PACOTE
Como dizer "a última bolacha do pacote" em inglês

Sabe aquela pessoa que se vangloria de qualidades ou saberes que não possui e/ou que se acha melhor do que os outros? Aquela pessoa que se acha a última **bolacha do pacote**. Hoje, iremos aprender duas expressões em inglês que são: **"snooty"** e **"stuck up"**, que querem dizer (metido, besta, a última Coca-Cola no deserto e/ou a última bolacha no pacote). Veja a definição segundo o dicionário Macmillan abaixo:

Someone who is snooty thinks they are better than other

people and behaves rudely towards them"

Examples

The snooty guy in the blue suit is the owner of the company. / O cara metido de terno azul é o dono da empresa.

You are such a sooty guy, I don't like people like that! / Você se acha a ultima bolacha do pacote, eu não gosto de pessoas assim!

Stuck-up

Stuck-up pode ser usado quando queremos nos referir a algum como arrogante, snobe e que se acha.

The party was full of those rich, stuck-up types. / A festa estava cheia de gente rica e que se acham.

She's so stuck up, she won't even talk to us. / Ela é tão besta que nem mesmo fala com a gente.
He was a famous actor, but he wasn't a bit stuck-up. / Ele era um ator famoso, mas não se achava o máximo!

Por último, temos a gíria **"ego tripper"**, que quer dizer pessoa que se considera superior ou mais importante do que as outras, convencido, cheio de si.

Don't pay any attention to him! The guy is an ego tripper! / Não ligue para ele! O cara se acha o máximo!

FALAR DA BOCA PRA FORA
Como dizer "falar da boca pra fora" em inglês

Existem expressões em português que não tem uma equivalência próxima da língua inglesa. Mas nesse caso, tem algumas em Inglês que equivalem à expressão **"falar da boca pra fora"**. **"Da boca pra fora"** quer dizer falar que não concorda ou gosta de algo ou alguém, mas que na verdade a pessoa que fala de fato não está sendo sincera com ela mesma. Ou seja, ela não quer dá o braço a torcer **(admit it!).**

Mas afinal de contas, como dizer "falar da boca pra fora" em Inglês? Primeiro, não é correto utilizar as traduções **from mouth out e from inside out**, pois essas duas opções não fazem sentido nenhum. "falar da boca pra fora" pode ser **"I didn't mean it".** Exemplo:

I didn't mean it when I said I didn't love you. / Eu falei da boca pra fora quando disse que não te amava.

Sometimes we say things we don't mean. / Às vezes, a gente diz coisas da boca pra fora.

É óbvio que **"don't mean it"** não funciona em casos como "E eu não disse isso da boca pra fora", pois de acordo com a expressão dada, a frase anterior ficaria mais ou menos como **"And I didn't mean it"** (o sentido real fica estranho, parece que eu quero dizer que 'eu não quis dizer isso'). Nesse caso, a expressão que se encaixa melhor nesse contexto é **"just for the sake of saying it"** (apenas por uma questão de falar/da boca pra fora). **"And I didn't say it just for the sake of saying it"** / E eu não disse isso da boca pra fora.

ZOAR, TIRAR O SARRO

Como dizer "zoar, tirar sarro" em inglês

Lembra daquela ocasião em que tiramos o sarro ou zoamos nossos amigos, mas de forma divertida e pegando leve, não é? Em inglês, temos três expressões equivalentes. Podemos usar as expressões **"make fun of", "give a hard time" e "pick on".** Eu já ouvi muitos falarem que é **"mock"**, mas esse tipo de zueira é mais usado quando estamos imitando a fala de alguém. Digamos que **"make fun of"** é mais comum quando a zoeira é séria, **"give a hard time"** é mais usado na brincadeira entre amigos, com o sentido de **"pegar no pé"**. E **"pick on"** é mais usado com crianças, quando são zoadas na escola. Veja exemplos abaixo:

Gates gives all of his friends a hard time. It's just his

personality. / Robert pega no pé de todos os amigos dele. É o tipo dele.

I was picked on a lot in school when I was child. / Tiraram muito sarro de mim na escola quando eu era criança.

He gets picked on by the other boys in the school because he's so short. / Os outros meninos zoavam com ele na escola porque ele é muito baixinho.

At school she was a vulnerable little soul and the other girls picked on her. / Na escola ela era uma pequena alma vulnerável e as outras garotas tiravam sarro da cara dela.

You're always making fun of me! / Você está sempre me zoando!

ERA DE SE ESPERAR
Como dizer "era de se esperar" em inglês

Usamos essa expressão quando algo parece óbvio ou lógico sobre alguém. Algo do tipo: você ficou sabendo que Daniel saiu do emprego? Era de esperar. Ele não gosta de trabalhar.

Em inglês usamos **it / that figures** para expressar situações como essa. Veja exemplos abaixo:

Did you hear that Ismael and Jany are getting divorced? 'That figures'. They've never really gotten along well together. / Você ficou sabendo que o Ismael e Jany estão se separando?' 'Já era de esperar. Eles nunca se deram muito bem juntos.

Dad! Sadie spilled her milk all over the floor." "It figures." / Pai, Sadie derramou seu leite no chão." "Já era de esperar."

So she's complaining again; that figures. / Então, ela está reclamando de novo; Era de esperar.

AMIGO SECRETO

Como dizer "amigo secreto" em inglês

Você já se perguntou como dizer "amigo secreto" ou "amigo oculto" em inglês? Sim, porque no início dos meus estudos da língua inglesa, eu também já me fazia essa pergunta. Eu achava que poderia ser **"Secret Friends"**, porém depois descobri que não era como eu imaginava, pois, **"amigo secreto"** ou **"amigo oculto"** quer dizer **"Secret Santa"** ou, em alguns países da Europa, **"Kris Kringle"**. Tudo indica que **"Kris"** provavelmente vem de **"Christ"**, já **"Kringle"**, provavelmente vem do alemão **"Christkindl"** que significa "O menino Cristo".

Não podemos esquecer da figura muito lembrada no Natal que é o famoso **Santa Claus** (Papai Noel), também conhecido como **Father Christmas**.

What did you get for your Kris Kringle? / O que você comprou para seu amigo secreto/amigo oculto?

To play Secret Santa / fazer amigo secreto

To get (something) for your Secret Santa / Comprar algo para seu amigo secreto.

I like playing Kriss Kringle with my friends! / Eu gusto de fazer amigo secreto com meus amigos!

This year my family and I decided to have a Secret Santa. / Este ano minha família e eu decidimos ter um amigo secreto.

We usually organize a Kriss Kringle here at the office. / Nós Normalmente organizamos um amigo secreto aqui no escritório.

Who did you get for Secret Santa? / Quem você tirou no amigo secreto?

Are you buddies going to play Kriss Kringle this Christmas? / vocês vão brincar de amigo secreto nesse Natal?

Do you already know what to get her for Secret Santa? / Você já sabe o que vai dar à sua amiga oculta?

TARADO

Como dizer "tarado, pervertido" em inglês

Na verdade, nunca imaginei ter que escrever sobre esse assunto, mas como muitos me perguntam, eu resolvi dar dicas sobre esse termo. Como sempre falo: "Controlamos o que falamos, mas não o que ouvimos". Alguém pode ser fanático por música, por futebol ou qualquer outro esporte. Mas também não podemos deixar de falar da forma vulgar do termo "tarado". Veja a lista dos termos abaixo:

1. **pervert** (ou simplesmente perv)
2. **dirty old man**
3. **sex maniac** ou **sex freak**
4. **Rapist**
5. **Randy**
6. **Horny**

Para você usar de forma correta cada uma da lista, vamos explicar uma por uma

Pervert

Pervert é mais utilizado pelos nativos e é bem comum usar sua forma contraída **Perv**.

Pervert é o tarado no sentido de pervertido, depravado, pessoa que possui comportamento sexual considerado anormal e estranho. O Dictionary cambridge define assim esse termo:

A person whose sexual behaviour is considered strange and unpleasanty most people.

Dirty Old Man

Dirty Old Man se refere a um homem geralmente velho que fica olhando de forma exagerado para uma garota. **Dirty old man** equivale ao nosso velho tarado, velho sem-vergonha, velho safado.

Sex freak

Sex freak é usado para um homem que é obcecado por sexo e equivale ao nosso "ele só pensa naquilo".

VOCÊ QUEM SABE
Como dizer "você quem sabe" em inglês

Aqui, vamos aprender uma maneira de dizer **"você quem sabe ou você que decide"** em inglês. A gente usa essa expressão para falar sobre algo que já decidimos fazer e não importa a opinião de terceiro ou não.

Imagine, por exemplo, uma seguinte situação em que você pergunta a preferência de alguém fazer algo, mas para ele/ela tanto faz decidir ou fazer. Se você perguntar A- onde você quer jantar hoje à noite? B- Você que sabe! As expressões usadas nessa situação são **it's up to you** ou **it's your call**. Então, vamos ver alguns exemplos com a frase você quem sabe?

A– Do you prefer pizza or pasta? B– Well, it's up to you.

/ A- Você prefere pizza ou macarrão? B- Bom, você quem sabe.

I don't care what we do tonight, it's up to you. / Eu não me importo com o que faremos esta noite, você que sabe/decide.

It's up to you whether we invite Juliana to the party or not. / Você decide se convidamos Juliana para a festa ou não.

Do you want to stay or go? It's up to you. / Você quer ficar ou ir? Você decide.

A – Can you travel with me next weekend? / Você pode viajar comigo no próximo final de semana?

B – Maybe. It's up to my dad. / Talvez. Meu pai que decide.

I don't really care what movie we see—it's your call. / Eu realmente não me importo com o filme que vamos ver – Você que sabe.

Patrão: Who do you think is a better candidate, Andrew or Jack? / Quem você acha que é o melhor candidato, Andrew ou Jack?

A: I think Andrew is better. / Acho que Andrew é melhor.
Patrão: Ok. Well, it's your call. / OK. Bem! Você quem sabe.

A: Thank you. / I'll hire him. / I'll give him a call. Obrigado. / Vou contratá-lo. / Vou ligar para ele.
It's your call, just say what you want. / Você que sabe, diga o que quiser.

ATÉ PARECE
Como dizer "até parece" em inglês

Existem várias maneiras de expressar essa ideia, mas aqui, iremos ensinar apenas uma forma. Na verdade, essa gíria é usada como interjeição e é pronunciada de forma acentuada no final de um enunciado, transformando uma sentença afirmativa em uma negativa. Normalmente, há uma pausa antes da pronúncia da palavra.

Estamos falando da negativa **"not"** sendo usada como interjeição. Ela significa: **"até parece", "nem em sonho", "só que não", "você não acreditou nisso, né?"**. Veja alguns exemplos:

I'm dying to see Dayane at the party... not! / Estou louco para ver a Dayane na festa... até parece!

I'm not going to hit on Ana at the party...not! / Eu não vou dar em cima de Ana na festa... até parece!

That was the best meal I've ever had...not! / Essa foi a melhor refeição que ja tive... só que não ou até parece!

I just love working overtime without pay... not! / Eu adoro trabalhar horas extras de graça... até parece (nem em sonho).

Hey man! I have just won on the lottery… not! / Ei cara! Eu acabei de ganhar na loteria… Só que não!

ACHADO NÃO É ROUBADO
Como dizer "achado não é roubado" em inglês

Esta expressão é geralmente usada por crianças quando encontram algo de alguém e quer ficar para si. Em inglês falamos **'Finders keepers, losers weepers'** algo como: **'Achado não é roubado, quem perdeu é relaxado.'** Veja exemplos abaixo e Como dizer 'achado não é roubado' em inglês:

Hey! That's my chocolate bar you're eating! - I found it on the sofa. Finders keepers, losers weepers!' /
Epa! Esse chocolate que você está comendo é meu! – Eu o achei no sofá. Achado não é roubado, quem perdeu é relaxado!

And it's finders keepers, you know. / E achado não é roubado, tá ligado.

Kid: That's my hat. You can't have it. / Esse é o meu chapéu. Você não pode ficar com ela.

Playmate: I found it. Finders keepers. / Colega: Eu encontrei. Achado não é roubado.

NADA A VER
Como dizer "nada a ver" em inglês

Have nothing to do with something

Essa é uma expressão usada no dia a dia entre os falantes brasileiros de língua portuguesa. É uma expressão impossível de traduzir ao pé da letra para o inglês. Vamos deixar de enrolação e vamos ao que interessa.

Para começar, existem várias maneiras de dizer essa expressão e **"have nothing to do"** é uma delas. Vejamos em algumas frases:

I had nothing to do with what happened to them. / Eu não tive nada a ver com o que aconteceu com eles.

As far as I know, she has nothing to do with that. / Até onde eu sei, ela não tem nada a ver com isso.

What you're saying doesn't have anything to do with what you believe. / O que você está falando não tem nada a ver com o que você acredita.

Outras situações

Se quisermos dizer, por exemplo, que "alguém tem algo a ver com alguma coisa", como fazemos isso? Na verdade, é bastante simples, é só trocarmos o **"nothing"** (nada), que dá uma ideia negativa, e colocarmos o **"something"** (algo, alguma coisa) no lugar. Veja os exemplos abaixo:

Does it have something to do with the gas price? / Isso tem algo a ver com o preço do combustível?

I'm sure he has something to do with the murder. / Eu tenho certeza que ele tem alguma coisa a ver com o assassinato

Agora quando você está falando de um assunto e a pessoa com quem você está falando muda totalmente do assunto e diz:

What does that have to do with the price of fish? Elas são usadas quando alguém muda drasticamente o assunto de uma conversa ou falar algo totalmente fora do rumo da conversa. Em português seria algo como e o que é que isso tem a ver com aquilo? E o quer que tem a ver o c* com as calças? etc.

Há outras formas que muitos usam para discordar de alguém quando essa pessoa, segundo ela, fala um absurdo. Em inglês, usamos **'nonsense'**, **'have no sense'**, **'That's totally off!'** ou simplesmente **Off!'**,

I'm sorry, but what you're saying doesn't make any sense. / Desculpe, mas o que você está dizendo não tem nada a ver.

A: The teacher claimed that the capital of Brazil is Buenos Aires. / O professor falou que a capital do Brasil é Buenos Aires.

B: "That's totally off! The capital of Brazil is Brasília. / Nada a ver! A capital do Brasil é Brasília.

Nonsense! / Nada a ver!

FOFOQUEIRO
Como dizer "fuxiqueiro, fofoqueiro" em inglês

Fofoqueiro é aquela pessoa que gosta de ouvir e espalhar fofocas sobre as pessoas. A gíria que iremos aprender é **Snoop**. Vamos lá praticar com frases:

Don't say anything about this to Mary. She's such a snoop! / Não conte nada sobre isso para a Mary. Ela é uma fofoqueira!

He's such a snoop – he's always snooping people's business. / Ele é um puta fofoqueiro – ele está sempre bisbilhotando a vida dos outros

I don't like snoop people! / Eu não gosto de fuxiqueiro.

Ana is such a snoop! She is always snooping in neighbour affairs. / Ana é uma fofoqueira! Ela está sempre xeretando a vida dos vizinhos.

NA HORA H

Como se diz "na hora h" em inglês

Vamos começar com a seguinte frase: **"The longhair ran hither and thither and away over yonder. Then he climbed into that tree and fell from up there. Luckily he landed on the tin roof. We got there in the nick of time and threw him a rope."** Em português: "O cabeludo correu de cá para lá e de lá para acolá. Aí, subiu naquela árvore e caiu lá de cima. Por sorte, pousou no teto de zinco. Nós chegamos na **hora H** e atiramos-lhe uma corda."

Thoughts of work made him go limp in the nick of time. / Os pensamentos sobre trabalho fizeram-no brochar na hora H".

A palavra inglesa **"nick"** significa "corte", "entalhe". Antigamente, costumava-se marcar o tempo com pequenos cortes na madeira, o que deu origem à expressão **"in the nick of time"**, significando "no momento preciso". Em inglês britânico informal, a palavra "nick" tem vários outros sentidos, como mostra a seguinte historinha:

My car was in excellent nick, but somebody nicked it last week. Yesterday the police nicked the thief and now he's in the nick, but my car's in really bad nick. / Meu carro estava em excelente estado, mas alguém o roubou na semana passada. Ontem a polícia prendeu o ladrão, e agora ele está na prisão, mas o meu carro está em péssimo estado.

The ambulance arrived in the nick of time to save the injured hiker. / A ambulância chegou **na hora H** para salvar o andarilho ferido.

He showed up in the nick of time. / Ele apareceu na hora H

"Qual é a origem da expressão "na hora H" em Português?
Bem, ela surgiu no campo militar e o seu significado é muito simples. É uma tradução do inglês e trata-se apenas da abreviatura da palavra "horas". Horas em português e em inglês começa com H. Portanto, hora H era a hora exata em que determinada ação devia acontecer. Por exemplo, eles diziam: "H menos dez" – isto é, faltam dez minutos para

a ação acontecer. Depois de dez minutos chegava a Hora H, a hora certa, a hora exata da operação militar. Com o tempo, começou-se a usar Hora H também fora do campo militar, para indicar o momento decisivo, o momento mais importante. E hoje em dia, usamos a expressão hora H nos mais diferentes sentidos. Até no esporte. Por exemplo: O jogador fez tudo certinho, mas na Hora H errou o chute. Essa é a origem da expressão Hora H."

BATER AS BOTAS
Como dizer "bater as botas" em inglês

Mas, como se diz **"bater as botas"** em inglês? Pois é, hoje vamos aprender uma expressão idiomática um pouco engraçada, porém não é tão legal para com quem acontece. Como dizer **"bater as botas"** em inglês? Existem muitas formas de nos referirmos a essa expressão. Veja um exemplo com o phrasal verb **"kick off"**:

She was on vacation in France when she kicked off. / Ela estava em férias na França, quando bateu as botas.

He took a lot of medicine and kicked off. / Ela tomou um monte de remédio e bateu as botas.

Podemos usar também **peg out**

He pegged out in a car accident. / Ele bateu as botas num acidente de carro.

Utilize também **pop off** ou **cash in**

She popped off quite suddenly. / Ela bateu as botas de repente.

You're all just waiting till I pop off so you can get your hands on my money. / Vocês estão esperando eu bater as botas para colocar as mãos no meu dinheiro.

My mother-in-law cashed in last year. / Minha sogra bateu as botas no ano passado.

CHAPADO, CAINDO PELAS TABELAS
Como dizer "chapado, caindo pelas tabelas" em inglês

Antes de começarmos nossa explicação e tratarmos do assunto em questão, vamos aprender como dizer **"sextou"** em inglês, pois tem conexão com o assunto. A ideia do nosso **"sextou"** é expressa com uma velha conhecida de todos os estudantes de inglês: a sigla **TGIF**, que quer dizer **"Thank God It's Friday"**, que traduzido para o português significa **"Graças a Deus é Sexta-Feira"**.

Voltando para o nosso assunto: como se diz **"chapado"**, **"derrubado"**, **"caindo pelas tabelas"** em inglês? Em inglês, temos várias expressões sobre estar bêbado. **"Wasted"** é um adjetivo bem comum para se referir a alguém que está trincado.

Sergio was too wasted to explain what'd happened. / O Sergio estava muito chapado para explicar o que tinha acontecido.

I was too wasted yesterday that I remember nothing what happened. / Eu estava tão chapado ontem que não lembro de nada do que aconteceu.

Outra expressão é **zonked**:

He was so zonked he could barely stand on his feet. / Ele estava tão chapado que mal conseguia parar em pé.

High pode ser usado tanto para drogas quanto para bebidas já a gíria para drogas é **wired**:

Half the kids at the dance were high. / Metade dos moleques no baile estava chapada.
He came to class completely wired. / Ele veio para a aula completamente doidão.

TIRAR UMA SONECA
Como dizer "tirar uma soneca" em inglês

Se perguntarmos a um aluno de nível A1 como dizer **"dormir"** em inglês, ele provavelmente responderá que é **"to sleep"**. Sim, mas esse verbo se aplica ao ato de dormir de maneira geral. Mas e qual verbo, expressão ou gíria se aplica ao ato de cochilar, dormitar, tirar um sono, soneca, cochilo? Em inglês, existem várias **gírias** e **phrasal** verbs para nos referirmos ao ato de dormir.

O phrasal verb **"doze off"** quer dizer cochilar e geralmente é usado para se referir a cochilos curtos, como quando alguém está muito parado sem movimento ou ao assistir a um filme. Veja um exemplo em frase:

She dozes off in front of the TV every night. / Ela cochila na frente da TV todas as noites.

John dozed off at the wheel and caused an accident. / John cochilou ao volante e provocou um acidente.

The office was so hot I nearly dozed off at my desk. / O escritório estava tão quente que quase cochilei na minha mesa.

Também podemos usar o Phrasal verb **Nod off** que quer dormir, mas não de forma intencional "cochilar, dormitar." Frase:

I nodded off for a moment and missed the end of the movie. / Eu cochilei por um momento e perdi o fim do filme.

After our busy day, we both sat and nodded off in front of the TV. / Depois de nosso dia agitado, nós dois nos sentamos e cochilamos na frente da TV.

Kip pode ser usado como verbo e substantivo (gírias). Quer dizer dormir, especialmente em um lugar que não seja sua casa. Veja:

She always has a kip in front of the telly. / Ela sempre tira uma soneca na frente da televisão.
He's kipping in the room next door. / Ele está dormindo no quarto ao lado.

You can have my bed and I'll kip (down) on the sofa. / Você pode ficar na minha cama e eu vou tirar uma soneca (deitar) no sofá.

Snooze quer dizer dormir de forma leve por um curto período de tempo, especialmente em outro lugar que não seja em sua cama: s soneca, cochilo.

I think I'll take a snooze after lunch. / Eu acho que vou tirar um cochilo depois do almoço.
Bob snoozed through the movie! / O Bob dormiu durante o filme todo!

People like to spend the afternoon hours snoozing. / As pessoas gostam de passar as horas da tarde cochilando.

Por fim temos **Nap**.

I fell into the habit of taking a nap after lunch a long time ago. / Eu adquiri o hábito de tirar uma soneca depois do almoço há muito tempo.

PODRE DE RICO
Como dizer "podre de rico" em inglês

Numa tarde de sol de domingo, eu tava naquele churrasco na casa do tio Ricardo, sabe? Aquele com a piscina gigante e o jardim que mais parece um parque. Então, lá estava o tio Ricardo, esse sim, um cara que tá nadando em **dinheiro**, ou como os americanos falam, **"rolling in it"**. O tio, que é um tipo de **"filthy rich"** "podre de rico", começou a contar das suas viagens pra Europa como quem fala de ir à padaria na esquina.

Ele, com aquele jeito dele de não dar bola pra nada **"not give a damn"**, falou sobre comprar uma vinícola na Itália só porque gostou do vinho que provou. E olha que o tio Ricardo nem é desses que entende muito de vinho, viu? Ele só curte a vida mesmo. Aí, ele solta uma dessas: "Ah, comprei um apartamento em Paris porque minha esposa gostou da vista". E todo mundo rindo, porque o tio Ricardo faz parecer tão fácil, tão natural, como se comprar um apartamento em Paris fosse como escolher uma camisa nova na Riachuelo.

E eu pensando cá com meus botões, esse é o tal do **"filthy rich"** "podre de rico" que os gringos falam. Não é só ter grana **"Bread, gírias americanas para dinheiro"**, é viver num nível que a maioria de nós nem sonha. E o tio Ricardo, ah, esse sim sabe fazer parecer tudo tão simples, tão tranquilo, como se estivesse sempre em um eterno domingo de sol. Veja frases abaixo para praticar:

Geoff and Christine are rolling in it. / O Geoff e a Christine estão nadando em dinheiro.
He's filthy rich, driving around in his fancy sports car. / Ele é podre de rico, dirigindo seu carro esportivo chique.

She inherited a fortune from her family and is now filthy rich. / Ela herdou uma fortuna da família e agora é podre de rica.

His family got filthy rich when oil prices rose. / A família dele ficou podre de rica quando os preços do petróleo subiram

É A MAIS PURA VERDADE
Como dizer "é a mais pura verdade" em inglês

Lembrei agora daquele filme, como é mesmo... "O Mentiroso", isso! Vi numa noite de sábado, jogado no sofá com uma pote de pipoca. É sobre esse advogado, Fletcher, se não me falha a memória, que vive em Los Angeles. O cara tem um filho, Max, e eles não estão numa boa por causa das mentiras que o Fletcher vive contando. E tem também a ex-mulher, Audrey, no meio desse rolo todo.

A cena que não sai da minha cabeça é do aniversário do Max, quando ele pede um desejo meio maluco: que o pai dele fale só a verdade por um dia inteiro. Cara, e não é que acontece mesmo? A vida do Fletcher vira um pandemônio total depois disso.

Ah, e falando em verdade, me veio agora como se diz "é a mais pura verdade" em inglês. É tipo **"it's the gospel truth"**. Sabe, quando você quer jurar de pé junto que não está de enrolação? Essa é a expressão que os gringos usam quando algo é muito, mas muito verdade mesmo. Usada nas horas certas, ela tem um peso... tipo quando você tá contando algo que ninguém acredita, mas é verdade purinha. Exemplos para você praticar.

You gotta believe me. It's the gospel truth! / Você tem que acreditar em mim. É a pura verdade.

I didn't do it, and that's the gospel truth. / Eu não fiz isso, e essa é a mais pura verdade.

I didn't take your ring, and that's the gospel truth! / Eu não peguei seu anel, e essa é a pura verdade!

DÁ PARA ACREDITAR
Como dizer "dá para acreditar" em inglês

Cara, não é que eu tava lá no boteco da esquina, batendo um papo com o Seu Zé, e ele me vem com uma história que me deixou sem acreditar? Diz que o sobrinho dele, o Tiago, sofreu um acidente muto grande. O carro do rapaz, veja só, capotou não uma, não duas, mas quatro vezes! E o mais maluco de tudo: o Tiago saiu sem um arranhãozinho sequer. Dá para acreditar nisso?

Aí eu pensei: tem que ter um jeito de falar isso em inglês, né? Tipo, quando alguma coisa é tão absurda que você mal pode crer. E aí que me veio: **"can you beat it?"** ou **"can you beat that?"**. Os gringos soltam essa quando algo é tão fora do comum que chega a ser difícil de engolir. Tipo quando você conta uma história dessas e quer ver se alguém tem alguma mais louca pra contar. Vamos ver exemplos abaixo:

Can you beat that? He's crashed the car again! / Dá para acreditar? Ele bateu o carro de novo!

I just did 20 pushups—can you beat that? / Acabei de fazer 20 flexões – Dá para acreditar?

Can you beat that? He's just broken another glass. Você pode vencer isso? Ele acabou de quebrar outro copo.

Can you beat that? He won the lottery / Acredita? Ele ganhou na mega-sena.

They've got eight children! Can you beat that? Eles têm oito filhos! Acredita?

EU ESTOU MORRENDO DE MEDO
Como dizer "eu estou morrendo de medo" em inglês

A expressão **"Estar morrendo de medo"** em inglês é **"to be scared to death"**. Por exemplo: **"I'm scared to death of horror movies. Can we see a Disney film instead?"** "Morro de medo de filmes de terror. Podemos ver um filme da Disney em vez disso?"

Outras expressões similares incluem:
- "Morrendo de cansaço": **"dead tired"** ou simplesmente **"dead"**
- "Morrendo de sede": **"parched"** ou **"dying of thirst"**
- "Morrendo de fome": **"starving"**
- "Morrendo de frio": **"freezing"**
- "Morrendo de tédio": **"dying of boredom"**
- "Morrendo de preocupação": **"worried to death"**
- "Morrendo de rir": **"laughing one's heart out"**
- "Eu quase morri de rir": **"I nearly died laughing"**

"Morrendo de cansaço": **"dead tired"** ou simplesmente **"dead"**

Meu amigo Mike, um fã de filmes de terror, me desafiou a assistir **"Olhos famintos"** na casa dele, naquele bairro antigo perto do centro, onde as casas parecem contar histórias. Sempre fui mais para comédias e romances, então já viu, né? Lá estava eu, na sala escura de Mike, segurando firme no braço do sofá, cada cena me fazendo pular. No meio do filme, virei para Mike e falei, tremendo, que estava morrendo de medo. Mike, sempre com suas expressões, soltou um **"Man, you're scared to death!"** "estar morrendo de medo"

Mike tem essa coisa com Inglés. Ele me ensinou que, em inglês, quando algo te tira do sério de tanto cansaço, você diz **"dead tired"** **"morto de cansado, só o pó"**. Lembra daquela vez que ajudamos o Paul a se mudar? Foi exatamente assim que nos sentimos. E naquele verão seco que passamos acampando? **"Parched"** **"morrendo de sede"** era pouco para descrever nossa sede.

O frio em sua cidade natal, Denver, era outro nível, ele dizia que ficava **"freezing"** **"morrendo de frio"** só de pensar em sair de casa no inverno. E as longas esperas no aeroporto? Mike dizia que eram o epítome de **"dying of boredom"** **"Morrendo de tédio"**. Mas quando encontrava algo engraçado, Mike ria alto, dizendo que estava **"laughing his heart out"** **"Morrendo de rir"**, e certa vez, após uma piada inesperada, confidenciou que **"nearly died laughing"** **"quase morreu de rir"**. Frases abaixo:

I'm dead! Tô só o pó!

I worked all day and now I'm dead tired. / Trabalhei o dia todo e agora estou morrendo de cansaço.

After running a marathon, she was dead tired. / Depois de correr uma maratona, ela estava morta de cansaço.

"Morrendo de sede": **"parched"** ou **"dying of thirst"**

She forgot her water bottle and was dying of thirst by the time she got home. / Ela esqueceu sua garrafa de água e **estava morrendo de sede** quando chegou em casa.

They spent hours in the sun and were parched / Eles passaram horas no sol e ficaram morrendo de sede.

"Morrendo de fome": **"starving"**

She forgot her lunch and was starving by the time she got home. / Ela esqueceu o almoço e **estava morrendo de fome** quando chegou em casa.)

I missed breakfast and was starving by mid-morning. / Eu perdi o café da manhã e estava morrendo de fome no meio da manhã.

"Morrendo de frio": **"freezing"**

They were camping in the mountains and were freezing all night despite the campfire. Eles estavam acampando nas montanhas e estavam morrendo de frio a noite toda, apesar da fogueira.

I forgot my coat and was freezing. Eu esqueci meu casaco e fiquei morrendo de frio.

After the long walk, I was freezing. / Depois da longa caminhada, eu fiquei morrendo de frio.

"Morrendo de preocupação": **"worried to death"**

I was worried to death when I heard about the accident. / Fiquei morrendo de preocupação quando soube do acidente.

She was worried to death about her son's surgery. / Ela ficou morrendo de preocupação com a cirurgia do filho.

"Morrendo de rir": **"laughing one's heart out"** ou - "Eu quase morri de rir": **"I nearly died laughing"**

We watched a comedy special, and I nearly died laughing. /Assistimos a um especial de comédia e eu quase morri de rir.

She told a joke that was so funny, I nearly died laughing. / Ela contou uma piada tão engraçada que eu quase morri de rir.

APERTE BEM A PORCA

Como dizer "aperte bem a porca" (do parafuso) em inglês

Naquele sábado de outono, resolvi ajudar o Sr. Thompson, o vizinho que conheço desde criança, a arrumar o velho galpão no fundo do seu quintal, cheio de tralhas antigas. O Sr. Thompson, com seu andar lento e sempre vestindo aquela jaqueta de couro que ele diz ter comprado em um brechó nos anos 70, me chamou para dar uma ajuda.

Ele me entregou uma porca **"nut"** e um parafuso **"screw"** enferrujado, apontando para uma prateleira desmontada que precisávamos consertar, e disse, "Precisamos apertar bem essa porca aqui". Em inglês, ele acrescentou, **"You know, like 'Screw this nut tight' or 'Tighten this nut'."** Ele adora compartilhar essas pequenas lições de idioma desde que voltou de uma longa estadia na Escócia, onde pegou o gosto pela língua.

Enquanto eu lutava com a chave inglesa **"wrench"**, ele começou a me contar sobre a importância de entender a mecânica das coisas, desde as roscas **"threads"** dos parafusos até a utilidade das arruelas **"washers"** para distribuir a pressão. O Sr. Thompson é desses que têm uma ferramenta para tudo e uma história para cada uma delas.

Enquanto tomávamos chá depois do trabalho, ele relembrou uma visita a uma ferreteria onde a vendedora, tentando fazer uma piada, disse que ele tinha "um parafuso frouxo" **"a screw Loose"**. Ele ficou um tanto irritado **"pissed off"** na hora, mas depois viu a graça na situação, contando-a com uma gargalhada que fez seu rosto ficar vermelho. **"She said I 'had a screw loose', and I was a bit 'pissed off' at first, but then I just had to laugh about it."** Veja frases abaixo para praticar:

He screwed the nut tight but forgot to put a washer. / Ele apertou a porca e esqueceu de colocar uma arruela.

After tightening the nut, he realized he had forgotten the washer. Depois de apertar a porca, ele percebeu que tinha esquecido a arruela.

To assemble the parts correctly, screw this nut tight. / Para montar as peças corretamente, aperte bem a porca.

Use a wrench to screw this nut tight. / Use uma chave para apertar bem essa porca.

FECHE A PORTA SEM BATER
Como dizer "feche a porta sem bater" em inglês

Meu primeiro apartamento em Brooklyn tinha essa porta velha que rangia e batia com qualquer brisa. Naquele prédio, todos conheciam a Sra. Kowalski, uma senhora com olhos perspicazes e um gosto peculiar por silêncio. Um dia, ao me ver lutando com a porta, ela se aproximou, apoiada em sua bengala de carvalho que tinha mais histórias que um livro de memórias.

"Essas portas são temperamentais, não são?" ela comentou, observando meu esforço para fechar a porta sem causar alarde. Eu, tentando impressionar com meu inglês recém-polido, disse orgulhoso: **"I always close the door without striking"** "Eu sempre fecho a porta sem bater". Sua risada, clara e gentil, ecoou no corredor. "Darling, aqui dizemos **'Close the door gently'**. **'Without striking'** parece que você está numa luta com a porta, não tentando fechá-la."

Nos meses seguintes, aquela porta se tornou nosso ponto de encontro para lições de inglês e vida. Quando a dobradiça finalmente cedeu, ela, sem perder o humor, exclamou da sua janela: "Ah, agora você tem a chance perfeita para praticar o o inglês, repita comigo... **'The hinge has come loose and the door has given out'!"** "A dobradiça soltou e a porta cedeu." Veja outros exemplos abaixo:

Esse intercâmbio não só aprimorou meu inglês, mas também me deu uma amizade inesperada com a Sra. Kowalski, cujas histórias e correções linguísticas eu valorizo até hoje.

Close the door gently to avoid making noise. / Feche a porta sem bater para evitar fazer barulho.

Please close the door quietly; others are sleeping. / Por favor, feche a porta sem bater; outros estão dormindo.

The constant slamming of the door caused the hinge to come loose, and the door gave way. / De tanto fecharem a porta batendo, a dobradiça soltou e a porta cedeu.

The hinge came loose, and the door gave in after years of people slamming it shut. /A dobradiça soltou e a porta cedeu após anos de pessoas batendo a porta.)

After so many years of slamming, the hinge finally gave out, and the door collapsed. / Depois de tantos anos sendo batida, a dobradiça acabou cedendo e a porta desabaando.

O LEITE AZEDOU
Como dizer "o leite azedou" em inglês

Acordei atrasado num sábado, correndo para não perder o horário do jogo de futebol com amigos. Peguei o leite, derramei no copo e... ugh! Estava azedo. **"The milk has turned sour"** "o leite azedou", lembrei da frase em inglês, uma das poucas que meu tio americano fez questão de me ensinar quando reclamei do café da manhã na casa dele.

No caminho para o campo, ainda com o gosto ruim na boca, passei na padaria. O dono, que sabia um pouco de inglês, sempre colocava rótulos como **"cheese"** para queijo e **"mozzarella"** "muçarela" para o especial dele em sanduíches. Enquanto pegava um pão com presunto e **mozzarella**, ele perguntou se eu queria **"grated cheese"** "queijo ralado" por cima. Respondi que sim, tentando esquecer o incidente matinal com o leite.

Esse sábado me ensinou mais do que esperava: não só a verificar a validade do leite, mas também que a cozinha pode ser uma sala de aula inusitada para aprender inglês.

I left the milk out overnight, and now it has turned sour. / Deixei o leite fora da geladeira durante a noite, e agora ele azedou.

She smelled the milk to check if it had turned sour. Ela cheirou o leite para ver se tinha azedado.

The recipe called for fresh milk, but all I had was milk that had

turned sour. / A receita pedia leite fresco, mas tudo o que eu tinha era leite azedo.

I accidentally drank sour milk, which gave me the runs and had me sitting on the throne all night like a king. / Tomei um leite azedo sem querer, o que me deu uma caganeira que me fez passar a noite sentado no trono feito um rei."

ENCHA BEM O PNEU
Como dizer "encha bem este pneu" em inglês

Dirigindo de volta para casa depois de um longo dia de trabalho, senti o carro meio estranho. Parei e vi o problema: pneu baixo. **"Pump up this tyre hard"** (Encha bem o pneu), lembrei da dica de um amigo. Com o compressor em mãos, enchi o pneu, aliviado.

Na estrada novamente, mas não por muito tempo. Outro pneu deu problemas. Sem escolha, usei o **"spare tyre"** (estepe) e o **"jack"** (macaco) para substituí-lo. "Esses pneus precisam de um check-up", pensei.

Chegando à cidade, procurei um **"tyre-fitter"** (borracheiro). Ele olhou os pneus e balançou a cabeça. **"You need a retread and balance these tyres"** (Você precisa recauchutar e calibrar esses pneus), disse ele, mostrando os pneus **"bald"** (carecas).

Depois de recauchutar e calibrar, perguntei sobre a **"inner tube"** (câmara de ar). **"All good,"** ele respondeu. Saindo da **"garage"** (oficina), refleti sobre a importância da manutenção regular para evitar **"flat tyres"** (pneus baixos) e visitas ao **"tow truck"** (reboque). Frases abaixo para você praticar:

Could you pump up this tyre for me? / Você pode encher este pneu para mim?

Make sure to pump the tyre hard before you go. / Certifique-se de encher o pneu antes de sair.

"Estepe", **Spare tyre**

Do we have a spare tyre in the trunk? / Temos um estepe no porta-malas?

She had a puncture and had to use the spare tyre. - Ela teve um furo (no pneu) e teve que usar o estepe.

"Macaco", **Jack**

Use the jack to jack up the car and change the tyre. / Use o macaco para levantar o carro e trocar o pneu.

Do you know how to use the jack to change a tyre? / Você sabe como usar o macaco para trocar um pneu?

"Reboque", em inglês é **breakdown lorry**, tow truck no inglês americano

My car broke down, so I had to call a tow truck. / Meu carro quebrou, então tive que chamar um reboque.

The breakdown lorry arrived quickly to take the car to the mechanic. / O reboque chegou rapidamente para levar o carro ao mecânico.

She had to wait for the tow truck to arrive and take her car to the garage (repair shop). / Ela teve que esperar o reboque chegar e levar seu carro para a oficina.

"Borracheiro" **Tyre-fitter**.

I need to take my car to the tyre-fitter to fix a puncture. / Preciso levar meu carro ao borracheiro para consertar um furo.

The tyre-fitter repaired the puncture quickly. / O borracheiro consertou o furo rapidamente.

He's been working as a tyre-fitter for many years. - Ele trabalha como borracheiro há muitos anos.

"Pneu calibrado", **Balanced**

It's important to have your tyres balanced regularly. / É importante calibrar os pneus regularmente.

She noticed a difference in the car's handling after getting the tyres balanced. / Ela notou diferença na dirigibilidade do carro depois de calibrar os pneus.

The tyre shop offers a service to balance your tyres for a small fee. - A loja de pneus oferece um serviço para calibrar os pneus por uma pequena taxa.

"Pneu baixo" **Flat tyre**

I had to pull over because I had a flat tyre. / Tive que parar porque estava com um pneu baixo.

The flat tyre was caused by a nail in the road. - O pneu baixo foi causado por um prego na estrada.

She noticed the car was handling differently due to the flat tyre. / Ela percebeu que o carro estava diferente devido ao pneu baixo.

He had to change the flat tyre on the side of the road. / Ele teve que trocar o pneu baixo na beira da estrada.

A flat tyre can be caused by a puncture or a leak. / Um pneu baixo pode ser causado por um furo ou vazamento.

COMEÇAR DO ZERO
Como dizer "começar do zero" em inglês

A expressão **"to start from scratch"** significa começar algo sem ter nenhuma preparação, experiência ou vantagem prévia. É como se você tivesse que construir algo **a partir do zero**, sem usar nada que já exista.

Aqui estão dois exemplos de frases usando essa expressão:

After the fire destroyed their house, they had to start from scratch and rebuild everything. / Depois que o incêndio destruiu a casa deles, eles tiveram que começar do zero e reconstruir tudo.

She didn't know anything about programming, but she managed to

learn from scratch and create her own app. / Ela não sabia nada de programação, mas conseguiu aprender a partir do zero e criar seu próprio aplicativo.

CONVENCIDO
Como dizer "convencido(a)" em inglês

Para falar que alguém é **convencido**, você pode usar a expressão "**cocky**" em inglês. A palavra "**cocky**" em inglês significa alguém que é muito confiante, geralmente de uma forma que é um pouco irritante ou **arrogante**. É como se a pessoa se achasse melhor ou mais importante do que os outros. Por exemplo:

He's so cocky, always bragging about his achievements. / Ele é tão convencido, sempre se gabando de suas conquistas.

He acts so cocky, as if he's above everyone else. / Ele age tão convencido, como se estivesse acima de todos os outros.

PNEU CARECA
Como dizer "pneu careca" em inglês

Quando queremos dizer que um pneu está careca, usamos a expressão **bald tire** em inglês. Essa expressão significa literalmente "**worn-out tire**". Veja exemplos abaixo:

Don't buy a car with worn-out tire. / Não compre um carro com pneus carecas.

Driving with worn-out tire is dangerous. / Dirigir com pneus carecas é perigoso.

I got a flat tire because it worn-out. / Eu furei o pneu porque ele estava careca.

CANTAR PNEU

Como dizer "cantar pneu" em inglês

Ah, você já deve ter visto isso em filmes ou até mesmo experimentado essa sensação emocionante ao volante! Quando você pisa no acelerador com tanta vontade que os pneus começam a girar rapidamente, fazendo um barulho alto e característico, você está **"cantando pneu"**. Em inglês, existem duas expressões legais que descrevem exatamente essa situação: **"to burn rubber"** e **"to squeal"**.

"To burn rubber" é como se você estivesse fazendo o pneu **"queimar"**, girando tão rápido que a borracha começa a derreter no asfalto, criando uma fumaça branca e um cheiro forte. Já **"to squeal"** descreve o som agudo e estridente que os pneus fazem quando perdem tração e giram em alta velocidade.

Então, quando você está assistindo a uma corrida de carros e um dos pilotos acelera forte ao sair de uma curva, deixando um rastro de fumaça e fazendo um barulho ensurdecedor, você pode dizer: "Nossa, você ouviu isso? Ele **'burned rubber'** ao sair daquela curva!".

E em filmes de perseguição, quando os carros fazem curvas fechadas em alta velocidade, você pode descrever a cena dizendo: "O carro **'squealed'** na curva, com os pneus **'burning rubber'** enquanto eles fugiam da polícia". Vamos de frases para praticarmos:

He burned rubber as he raced away from the traffic light. / Ele cantou pneu ao acelerar longe do semáforo.

The driver squealed around the corner, narrowly avoiding a collision. / O motorista cantou pneu na curva, evitando por pouco uma colisão.

The drag racer burned rubber as he launched off the starting line. / O piloto de arrancada cantou pneu ao sair da linha de largada.

The car's tires squealed as it made a sharp turn. / Os pneus do carro cantaram ao fazer uma curva fechada.

She revved the engine and burned rubber, hoping to impress her date, but ended up with a stalled car. / Ela acelerou o motor e cantou pneu, esperando impressionar seu amor, mas acabou com o carro enguiçado.

The wannabe racer burned rubber at the stop sign, pretending he was on a race track. - O aspirante a piloto cantou pneu na placa de pare, fingindo que estava em uma pista de corrida.

The teenager burned rubber at the school parking lot, trying to show off for his friends, but ended up with a reprimand from the principal. / O adolescente cantou pneu no estacionamento da escola, tentando impressionar seus amigos, mas acabou levando uma reprimenda do diretor.

PAU PARA TODA OBRA
Como dizer "pau para toda obra" em inglês

Quando queremos dizer que alguém é **"Pau para toda obra"** usamos a expressão **"jack-of-all-trades"**, essa expressão descreve alguém que é habilidoso em várias áreas ou capaz de lidar com uma variedade de tarefas diferentes.

Sarah is a jack-of-all-trades when it comes to sports; she plays basketball, soccer, and even does gymnastics. / Sarah é um "pau para toda obra" quando se trata de esportes; ela joga basquete, futebol e até faz ginástica.
John is a jack-of-all-trades, cooking, cleaning, and more. / John é um "pau para toda obra", cozinhando, limpando e muito mais.

NÃO ADIANTA
Como dizer "não adianta" em inglês

Quando alguém se esperneia ou insiste em querer algo e não adianta, ou seja, fica de birra ou com raiva, em inglês podemos dizer **"It's no use"**, indicando que não vale a pena continuar insistindo.

It's no use throwing a tantrum; you aren't going to play video games today. / Não adianta espernear; você não vai jogar videogame hoje.

It's no use arguing with her; she won't change her mind. / Não adianta discutir com ela; ela não vai mudar de ideia.

It's no use asking him again; he already said no. / Não adianta perguntar para ele de novo; ele já disse não.

PÔR TUDO A PERDER
Como dizer "pôr tudo a perder" em inglês

Você já se viu em uma situação importante e, por um descuido ou erro, acabou por **pôr tudo a perder?** A expressão **'to blow it'** captura exatamente essa ideia. Exemplos de frases:

Don't blow it by arriving late to the interview. / Não ponha tudo a perder chegando atrasado para a entrevista.

He blew it with his boss by missing the deadline. / Ele pôs tudo a perder com seu chefe ao perder o prazo.

I blew it with my crush. / Eu pus tudo a perder com minha paquera.

PADRINHO DE CASAMENTO
Como dizer "padrinho de casamento" em inglês

O grande dia estava chegando, e com ele, uma decisão importante pairava na mente do noivo: a escolha de seu **padrinho**. No entanto, uma dúvida linguística surgiu, pois em inglês, a expressão **"padrinho de casamento"** não é **"godfather"** como muitos poderiam pensar.

"Godfather" refere-se especificamente ao **padrinho de batismo**, aquela pessoa escolhida para orientar a criança em sua jornada espiritual e moral após o batismo. Para o casamento, o termo correto é **"best man"**. O "best man" tem um papel vital, não apenas como um pilar de apoio para o noivo durante os preparativos, mas também como uma figura central na própria cerimônia. E não podemos esquecer a **"madrinha",** conhecida em inglês como **"Maid of Honour",** que desempenha um papel igualmente significativo do lado da noiva. Aqui vão alguns exemplos de como esses termos são utilizados em frases:

You've always been there for me, and I can't think of anyone better to be my best man. / Você sempre esteve ao meu lado, e não consigo pensar em ninguém melhor para ser meu padrinho de casamento.

I want you by my side as my best man when I say "I do." / Quero você ao meu lado como meu padrinho de casamento quando eu disser "sim".

She was honoured to be asked to be the Maid of Honour at her sister's wedding. / Ela ficou honrada em ser convidada para ser a madrinha de casamento da sua irmã.

The Maid of Honour helped the bride with her dress and bouquet. - A madrinha de casamento ajudou a noiva com o vestido e o buquê.

DESPEDIDA DE SOLTEIRO(A)
Como dizer "Despedida de solteiro(A)" em inglês

Eita, a tão esperada despedida de solteiro e despedida de solteira - aqueles momentos épicos onde os amigos se reúnem para dizer adeus à **liberdade** do noivo(a) **fiancé/fiancée (prometidos).** Opa! quero dizer, à vida de solteiro(a) do noivo(a)! Para os noivos **"the engaged couple"**, é uma noite cheia de diversão, jogos, bebidas e, claro, memórias que durarão para sempre. Já para as noivas, pode ser um dia relaxante no spa, uma noite agitada na cidade ou qualquer outra aventura que faça o coração bater mais rápido.

Então, se você está nos Estados Unidos, prepare-se para organizar uma **'despedida de solteiro'** **"bachelor party"** inesquecível para o noivo ou uma **'despedida de solteira'** **"bachelorette party"** cheia de surpresas para a noiva.

Se você está do outro lado do oceano, no Reino Unido, é hora de planejar uma **'despedida de solteiro'** **"stag night"** divertida para ele e uma **'despedida de solteira'** **"hen night"** emocionante para ela. Em qualquer lugar que seja, o importante é celebrar esse momento único e fazer com que todos se lembrem para sempre da última grande aventura antes do "sim"! **(I do)!** Vamos praticar com algumas frases:

We're throwing a bachelor party for John next weekend. / Estamos organizando uma despedida de solteiro para o John no próximo fim de semana.

The bachelorette party is going to be a surprise for Sarah. / A despedida de solteira vai ser uma surpresa para a Sarah.

They had a stag night out in the city before the wedding. / Eles tiveram uma noite de despedida de solteiro na cidade antes do casamento.

The hen party was a weekend getaway to the beach. / A despedida de solteira foi uma viagem de fim de semana para a praia.

Are you going to the bachelor party tonight? / Você vai para a despedida de solteiro hoje à noite?

They had a wild night at the hen party. / Eles tiveram uma noite agitada na despedida de solteira.

The friends are throwing a bachelor party for the groom and a bachelorette party for the bride-to-be. / Os amigos estão organizando uma despedida de solteiro para os noivos.

PEGAR NO FLAGRA
Como dizer "pegar no flagra" em inglês

Você já teve aquele momento em que flagrou alguém fazendo algo que definitivamente não deveria, e a pessoa simplesmente não tinha como negar? No inglês, temos uma expressão bem legal para isso: **"to catch somebody red-handed"**. Imagine pegar alguém com as mãos ainda tingidas pela **"tinta do crime"**, por assim dizer. Essa expressão evoca a imagem vívida de alguém sendo pego em pleno ato, com evidências tão claras que negar seria inútil. É uma maneira bastante expressiva de dizer que alguém foi descoberto no exato momento em que cometia uma transgressão. Vejamos algumas frases

He was caught red-handed stealing money from the cash register. / Ele foi pego em flagrante roubando dinheiro do caixa.

The police caught the thief red-handed breaking into the house. / A polícia pegou o ladrão no flagra arrombando a casa.

She was caught red-handed cheating on the test. / Ela foi pega no flagra na prova.

She was caught red-handed gossiping about her girlfriends. /Ela foi pega no flagra falando mal de suas amigas.

Além da palavra **"girlfriend"** significar namorada em inglês, ela também significa **'amiga'**, geralmente amiga de outra mulher. Ex... **Hannah was going out to lunch with her girlfriends.** / Hannah saiu para almoçar com suas amigas.

FALAR MAL DE ALGUÉM
Como dizer "falar mal de alguém" em inglês

Você já se deparou com pessoas que falam mal de outras pelas costas? Em inglês, há várias expressões que descrevem essa situação. Por exemplo, **"bad-mouth"** é quando alguém fala mal de forma persistente, enquanto **"trash-talk"** é mais agressivo, usado especialmente em competições ou confrontos. **"Run down"** é quando alguém critica de forma negativa, e **"backbite"** é quando falam mal escondido. Também usamos **"speak ill of"** para descrever falar mal de alguém, especialmente quando a pessoa não está presente. Sempre é bom lembrar que gentileza e respeito são fundamentais em todas as situações. Vejamos exemplos abaixo com cada uma dessas expressões:

Alguma vez você já encontrou aquelas pessoas que não resistem à tentação de falar negativamente sobre os outros quando eles não estão por perto? O inglês tem um arsenal de expressões para pintar esse comportamento. Vamos dar uma olhada em algumas delas: quando alguém **"bad-mouths" "fala mal"** outra pessoa, está criticando-a de forma constante e dura. Já o termo **"trash-talk"** leva as coisas para um nível mais intenso, comum em ambientes competitivos, onde as palavras são usadas como armas para desmoralizar o adversário. **"Run down"** captura a ideia de depreciar alguém, falando de forma negativa. Por outro lado, **"backbite"** reflete o ato de falar mal de alguém pelas costas, numa maneira mais dissimulada e sorrateira. E quando dizemos que alguém **"speaks ill of"** outra pessoa, estamos destacando a fala maldosa, especialmente na ausência do sujeito em questão.

A Conferência das Línguas Afiadas

Num escritório, onde o café e os boatos fluíam com igual abundância, a temporada de avaliações anuais estava a todo vapor. Era um momento perfeito para observar o **"bad-mouthing"** (falar mal) em seu habitat natural.

Nesse cenário, Jorge, o gerente de marketing, era um mestre na arte de **"trash-talk"** (falar mal), especialmente quando se tratava de seus rivais nas reuniões de equipe. **"He's been trash-talking his opponents all week"** (Ele fala mal dos oponentes o tempo todo), comentavam os colegas, observando Jorge transformar cada apresentação em uma arena de gladiadores verbal.

Enquanto isso, no canto do escritório, Mariana, especialista em RH, praticava o **"run down"** (criticar negativamente) com tal elegância que quase soava como um elogio. **"She's constantly running her ex-boyfriend down"** (Ela está sempre falando mal do ex-namorado), sussurravam as secretárias, entre chocadas e impressionadas com a sutileza de suas críticas.

No refeitório, o sussurro venenoso de **"backbite"** (falar mal pelas costas) era quase uma melodia. Ana, a assistente administrativa, era a maestra desse coro dissimulado. **"I can't believe she's been backbiting me to our friends"** (Não acredito que ela esteve falando mal de mim para nossos amigos), lamentava-se um colega, descobrindo que suas aventuras fora do trabalho eram o prato principal do almoço de fofocas.

E, claro, não faltavam aqueles que se deliciavam em **"speak ill of"** (falar mal) os ausentes. Em cada corredor, detalhes picantes sobre a vida alheia eram trocados com a mesma frequência que relatórios e memorandos.

No entanto, a ironia não escapou a ninguém quando, na festa de final de ano, todos esses personagens se encontraram, sorrindo e brindando como se fossem os melhores amigos. **"It's not nice to speak ill of others behind their backs"** (Não é legal falar mal dos outros pelas costas), podia-se ouvir alguém dizer, enquanto compartilhavam uma bebida, unidos na hipocrisia e na camaradagem.

E assim, a "Conferência das Línguas Afiadas" continuou, um lembrete cômico e pungente de que, no teatro do escritório, todos podem ser tanto atores quanto críticos. Veja frases abaixo para praticar:

Her co-workers bad-mouthed her to her boss. / Seus colegas de trabalho falaram mal dela para o chefe.

He's been trash-talking his opponents all week. / Ele fala mal dos oponentes o tempo todo.

She's constantly running her ex-boyfriend down / Ela está sempre falando mal do ex-namorado.

I can't believe she's been backbiting me to our friends. / Não acredito que ela esteva falando mal de mim para nossos amigos.

It's not nice to speak ill of others behind their backs. / Não é legal falar mal dos outros pelas costas.

FAZER UMA VISITA / VISITAR

Como dizer "fazer uma visita / visitar" em inglês

Você já sentiu aquela vontade repentina de estar com alguém querido, talvez para compartilhar histórias ou simplesmente desfrutar da companhia? Em inglês, dizemos **"pay a visit"** para expressar o ato de visitar alguém. Imagine decidir visitar a casa de um amigo para atualizar o papo ou apenas para estar junto, compartilhando a vida. É curioso como nós, brasileiros, às vezes trocamos as bolas e dizemos **"make a visit"**. Isso acontece porque, em português, usamos o verbo **"fazer"** para muitas ações, então naturalmente tendemos a traduzir para **"make a visit"**. No entanto, o termo correto em inglês é **"pay a visit"**. Então, lembre-se, quando quiser expressar essa intenção em inglês, a forma adequada é **"pay a visit"**. Essa nuance linguística reflete como expressões idiomáticas podem variar significativamente de um idioma para outro. Veja alguns frases para praticar:

VEJA TAMBÉM: Dár um pulinho, na casa de alguèm p. 97

I paid a visit to my grandmother yesterday. / Eu fiz uma visita à minha avó ontem.

She pays a visit to her parents every weekend. / Ela visita seus pais todo final de semana.

She paid a visit to her friend in another city / Ela fez uma visita à sua amiga em outra cidade.

AGIOTA

Como dizer "agiota" em inglês

Você precisa de dinheiro e decide recorrer aos bancos, mas infelizmente eles negam seu pedido. Nesse momento de desespero, você pode ser tentado a buscar ajuda de um **"agiota"**. Mas como dizer **"agiota"** em inglês? A expressão correta é **"loan shark"** algo como **"tubarão que empresta dinheiro"** Esses indivíduos emprestam dinheiro a juros exorbitantes e, muitas vezes, de forma ilegal, podendo recorrer a métodos intimidadores, como cantar músicas de karaokê fora de tom em frente à sua casa, para garantir o pagamento. Vamos de frases para aprendermos:

I borrowed money from a loan shark and now I'm in trouble. /Eu peguei dinheiro emprestado de um agiota e agora estou em apuros.

He got involved with a loan shark and ended up owing a lot of money. / Ele se envolveu com um agiota e acabou devendo muito dinheiro.

She borrowed money from a loan shark to pay her rent. / Ela pegou dinheiro emprestado de um agiota para pagar o aluguel.

ELE É A CARA DO PAI
Como dizer "ele é a cara do pai" em inglês

Você saberia dizer **'ele é a cara do pai'** em inglês? Quando queremos dizer que alguém se parece muito com seu pai ou alguém da família, tanto fisicamente quanto em outros aspectos, falamos em inglês **'He's the spitting image of his father'**. É como se fosse uma cópia perfeita! Agora, imagine a situação: alguém elogia a semelhança entre um bebê e o pai, mas na verdade, o bebê se parece muito com o vizinho. Seria uma confusão e tanto, não é mesmo? E para falar sobre a semelhança com a mãe, podemos dizer **'She's the spitting image of her mother'**. Então, da próxima vez que você encontrar alguém que é a cara do pai ou da mãe, já saberá como se expressar em inglês! Exemplos:

He's the spitting image of his father, even down to the way he walks. / Ele é a cara do pai, até mesmo na forma de andar.

She's the spitting image of her mother when she was younger. / Ela é a cara da mãe quando era mais jovem.

You're the spitting image of your dad when he was your age. / Você é a cara do seu pai quando ele tinha sua idade.

The baby is the spitting image of her grandmother. / O bebê é a cara da avó dela.

TIRAR UMA SONECA
Como dizer "tirar uma soneca" em inglês

Sabe aquela vontade irresistível de tirar uma soneca durante o dia? Em inglês, quando queremos expressar essa ideia, usamos a expressão **'to take a nap'**. Então, se você precisar de um descanso rápido, lembre-se de usar **'to take a nap'** e aproveite para relaxar!" Vejamos alguns exemplos em frases:

I'm so tired that I need to take a nap right now. / Estou tão cansado que preciso tirar uma soneca agora.

She always takes a nap after lunch. / Ela sempre tira um cochilo depois do almoço.

If you're sleepy, you can take a nap on the sofa. / Se você estiver com sono, pode tirar uma soneca no sofá.

He can't work properly without taking a nap in the afternoon. / Ele não consegue trabalhar direito sem tirar um cochilo à tarde.

LEVAR UM FORA
Como dizer "levar um fora" em inglês

Quem nunca passou pelo aperto de se abrir sentimentalmente, tentando ganhar o afeto de alguém especial, e acabou levando um fora? Se você já viveu isso e quer saber como expressar a situação em inglês, a expressão **"to get shot down"** é perfeita para esses momentos de tentativa e rejeição. É como se você tivesse se lançado ao ar, cheio de esperanças, apenas para ser abatido pela indiferença ou recusa da outra pessoa.

Por outro lado, se estiver conversando com alguém da Inglaterra, talvez ouça a expressão **"to be given the brush-off"**. Esta também reflete o ato de ser dispensado, mas com um toque de sutileza britânica, como se alguém gentilmente, mas firmemente, varresse suas expectativas para longe.

Portanto, se da próxima vez você encontrar-se nesse dilema emocional, você poderá dizer em inglês que foi **"shot down"** ou que recebeu **"the brush-off"**.

Vamos ilustrar com exemplos que poderiam acontecer na vida real:

Man, Anz keeps getting shot down... Joey go help the brother out. / Cara, o Anz continua levando fora... Joey, vá ajudar o irmão.

So, she gave you the brush-off, did she? / Então ela te deu um fora, foi isso?

I tried to ask her out, but I got shot down. / Eu tentei chamá-la para sair, mas levei um fora.

He got shot down by every girl he asked to dance. / Ele levou um fora de todas as garotas que convidou para dançar.
After confessing his feelings, he was given the brush-off. / Depois de confessar seus sentimentos, ele levou um fora.

NÃO DÁ

Como dizer "não dá" em inglês

Imagine a situação: você pede um favor a alguém, mas infelizmente a pessoa não pode ajudar. Em inglês, usamos a expressão **'no can do'** para dizer que algo não é possível ou que não podemos fazer algo. É uma forma informal e rápida de expressar essa ideia, sendo muito usada em contextos cotidianos. Por exemplo, se alguém te convida para sair, mas você já tem outros planos, você pode responder com um simples **'no can do'**. Essa expressão é uma forma descontraída de dizer **'não**

dá' ou **'não é possível'**. Veja exemplos em frases:

Sorry, I can't come to the party tonight. No can do. / Desculpe, não posso ir à festa hoje à noite. Não dá.

I asked him for a raise, but he said no can do. / Eu pedi um aumento a ele, mas ele disse que não dava.

Could you lend me some money? - Sorry, no can do. / Você poderia me emprestar algum dinheiro? - Desculpe, não dá.

Can you cover my shift tomorrow? - No can do, I have plans. / Você pode cobrir meu plantão amanhã? Não dá, tenho planos.

DIA SIM, DIA NÃO
Como dizer "dia sim, dia não" em inglês

Imagine uma rotina em que algo acontece em dias alternados, ou seja, dia sim, dia não. Em inglês, usamos a expressão **'every other day'** para descrever essa ideia. Por exemplo, se você pratica exercícios físicos **'every other day'**, isso significa que você os pratica **'dia sim, dia não'**, dando um dia de descanso entre cada sessão. É importante notar que a expressão correta é **'every other day'** e não **'day yes, day no'**, erro que muitos brasileiros cometem. Veja exemplos em frases abaixo:

I go for a run every other day to stay healthy. / Eu corro dia sim, dia não para me manter saudável.

She waters her plants every other day. / Ela rega suas plantas dia sim, dia não.

The garbage truck comes to collect trash every other day in our neighborhood. / O caminhão de lixo passa para recolher o lixo dia sim, dia não em nosso bairro.

They take turns cooking dinner every other day. / Eles se revezam para cozinhar o jantar dia sim, dia não.

ERA SÓ O QUE ME FALTAVA

Como dizer "era só o que me faltava" em inglês

Você já teve um daqueles dias em que, depois de solucionar uma série de problemas, algo mais surge, como se para testar sua paciência ao limite? Nesse instante, em português, você diria com um suspiro exasperado: **"Era só o que me faltava!"** Em inglês, a expressão equivalente que captura esse sentimento de frustração misturada com ironia é **"That's all I needed!"**

Essa frase é usada para expressar aquele momento em que, após enfrentar várias adversidades, mais um contratempo aparece, quase como se o destino estivesse brincando com você. É uma forma irônica de dizer que, de todas as coisas que poderiam acontecer naquele momento, essa era a menos necessária ou desejada. Vamos ilustrar com exemplos que poderiam acontecer na vida real:

And now it's snowing- that's all I need! /E agora está nevando, Era só o que eu precisava!

(uma das variações da expressão é que o **need** pode estar no presente também ok?)

I have a headache, and now the power is out. That's all I need! / Estou com dor de cabeça, e agora a faltou energia. Era só o que eu precisava!

I was already running late, and then my car broke down. That's all I needed! / Eu já estava atrasado, e então meu carro quebrou. Era só o que me faltava!

Great, more work to do—that's all I needed! Ótimo, mais trabalho para fazer. Era só o que me faltava!

COLOCAR DE CASTIGO

Como dizer "colocar de castigo" em inglês

Você já se viu em uma situação onde teve que enfrentar as consequências dos seus atos, talvez na infância ou na adolescência, e acabou **"de castigo"**? Em inglês, a forma de expressar que alguém está passando por isso é usando a expressão **"to be grounded"**. Por exemplo, quando você ouve alguém dizer **"I'm grounded for a week"**, está dizendo que está de castigo por uma semana. Essa é a maneira de comunicar que alguém, geralmente um jovem, tem certas liberdades restringidas como forma de punição.

Se você está contando sobre algo que aconteceu no passado, usaria a expressão no passado simples, dizendo **"I was grounded for a week"**, o que significa que você esteve de castigo por esse período. E se você quer explicar a ação de alguém te colocando de castigo, diria **"My parents grounded me for a week"**, indicando que seus pais foram os responsáveis por aplicar essa medida disciplinar.

Essas expressões são bastante utilizadas em contextos familiares e educacionais e refletem uma prática comum de impor limitações como forma de correção. Aqui estão alguns exemplos do uso dessas expressões:

They are grounded for the weekend because of their bad grades. / Eles estão de castigo durante o final de semana porque tiraram notas ruins.

I was grounded for a day for missing my curfew. / Eu fiquei de castigo por um dia por ter perdido a hora de chegar em casa.

We grounded our son for a week as a consequence for his behaviour. / Nós colocamos nosso filho de castigo por uma semana como consequência do seu comportamento.

If you don't finish your chores, you'll be grounded. / Se você não terminar suas tarefas, você ficará de castigo.

ACERTAR NO CHUTE, CHUTAR
Como dizer "acertar no chute, chutar" em inglês

Algumas expressões e verbos do português não têm tradução direta para o inglês, o que pode ser um desafio interessante na aprendizagem de idiomas. Por exemplo, a expressão **"acertar no chute"** ou simplesmente **"chutar",** quando nos referimos a tentar adivinhar algo, em inglês pode ser traduzida como **"guess".** O verbo **"to guess"** abrange os significados de **"adivinhar"** e **"deduzir",** adaptando-se bem ao nosso **"chutar"** em contextos de adivinhação.

No entanto, é importante considerar o contexto para escolher a palavra adequada. Se estamos falando de **chutar** no sentido físico, como em um jogo de futebol, o termo correto em inglês seria **"kick",** como em **"kick the ball" (chutar a bola).**

Imagine a situação em que você está diante de um teste difícil, encarando aquela pergunta que te deixa em dúvida. Você decide arriscar e dar um **palpite.** Nesse momento, em inglês, diríamos que estamos **"taking a shot in the dark"** ou simplesmente **"taking a guess".** Essas expressões capturam perfeitamente a essência de tentar acertar algo sem ter plena certeza, como lançar uma flecha no escuro, torcendo para atingir o alvo. Vejamos como isso pode aparecer em algumas frases:

I don't know the answer, so I'll just take a guess. / Eu não sei a resposta, então vou só chutar.

It was a shot in the dark, but I got the answer right! / Foi um chute no escuro, mas acertei a resposta!

I had no idea what the answer was, so I took a guess. / Eu não tinha ideia qual era a resposta, então eu chutei.

He took a guess and got it wrong, but at least he tried. / Ele chutou e errou, mas pelo menos tentou.

ACABAR COM A FESTA
Como dizer "acabar com a festa" em inglês

Já esteve em um momento onde tudo está perfeito, a alegria está no ar, e de repente algo inesperado acontece e acaba com toda a festa? Essa situação, onde algo ou alguém coloca um ponto final inesperado na diversão, tem uma expressão equivalente em inglês bastante pictórica.

Quando algo interrompe abruptamente a diversão ou o progresso, em inglês podemos dizer **"throw a spanner in the works"** no Reino Unido, ou **"throw a monkey wrench in the works"** nos Estados Unidos. Ambas as expressões evocam a imagem de jogar uma chave de boca **(spanner ou monkey wrench)** nas engrenagens de uma máquina, causando uma parada súbita e completa de suas operações.

É uma maneira bastante gráfica de ilustrar aquelas circunstâncias inesperadas que freiam o ritmo de um evento ou situação animada, trazendo um clima de desânimo e frustração. Vamos conferir alguns exemplos para entender melhor como essas expressões são utilizadas na prática.

Everything was going smoothly with the party preparations until John threw a spanner in the works by canceling the catering. / Tudo estava indo bem com os preparativos da festa até John acabar com a festa cancelando o serviço de buffet.

The project was on track, but a sudden change in regulations threw a monkey wrench in the works. / O projeto estava indo bem, mas uma mudança repentina na regulamentação acabou com a festa.

Everything was set for the wedding, but a last-minute venue issue threw a spanner in the works. / Tudo estava pronto para o casamento, mas um problema de última hora com o local acabou com a festa.

The party was going great until the power went out, throwing a spanner in the works. A festa estava ótima até a energia acabar, acabando com a festa.

The sudden arrival of the police threw a spanner in the works for their unauthorized party. A chegada repentina da policia acabou com a festa não autorizada.

The police arrived and throw a monkey wrench in the works. / A polícia chegou e acabou com a festa.

CARACA, CACA, MELECA DE NARIZ
Como dizer "caraca, caca, meleca de nariz" em inglês

Quando se trata de conversas informais e expressões coloquiais, até os termos mais inusitados precisam ser traduzidos. Falar sobre 'caca de nariz' pode parecer trivial, mas como diríamos isso em inglês?

- **Booger:** Esta é a gíria mais comum e descontraída para se referir à meleca de nariz. É usada tanto por crianças quanto por adultos quando estão falando de forma mais informal e brincalhona.
- **Crusty dragon:** Uma escolha mais humorística e um tanto colorida, essa expressão dá um toque de fantasia ao mundano, transformando uma simples 'caca de nariz' em algo digno de um conto de fadas ou de histórias de cavaleiros.
- **Greenie:** Especificamente no Reino Unido, **'greenie'** pode ser uma alternativa para falar de meleca, especialmente se estiver com uma cor... bem, verde.

Embora possa parecer um pouco estranho falar sobre isso, conhecer essas expressões pode adicionar um toque de cor e humor às conversas em inglês! Vejamos como isso pode aparecer em algumas frases:

Gross! You have a huge greenie hanging out of your nose! / Que nojo! Você tem uma meleca enorme saindo do seu nariz!

That's gross! He just ate a crusty dragon! / Que nojento! Ele comeu caraca de nariz!

Gross! He's got a booger on the end of his finger! / Que nojo! Ele está com uma caraca de nariz no dedo!

PEGAR UM BRONZE

Como dizer "pegar um bronze" em inglês

Você já quis expressar aquela sensação de satisfazer-se ao sol, absorvendo seus raios para ganhar um tom de pele dourado? Em inglês, essa experiência é traduzida para a expressão **"to get a tan"**. Essa é a maneira coloquial e natural de descrever o ato de bronzear a pele, um termo amplamente reconhecido e usado por falantes nativos.

Então, na próxima vez que você planejar aproveitar o sol para adicionar um pouco de cor à sua pele, lembre-se da expressão **"to get a tan"**. Ela captura perfeitamente a essência de buscar aquele brilho saudável e dourado que vem de momentos relaxantes sob o sol. Vejamos como isso pode aparecer em algumas frases:

I love to get a tan on the beach during summer. / Eu adoro pegar um bronze na praia durante o verão.

She always gets a tan so quickly! / Ela sempre fica bronzeada tão rápido!

They are going on vacation to get a tan. / Eles vão sair de férias para pegar um bronze.

She looks so healthy with her tan. / Ela parece tão saudável com seu bronzeado.

PAGAR O PATO

Como dizer "pagar o pato" em inglês

Vamos Imaginar que você está em uma situação em que alguém cometeu um erro, mas você acaba sendo responsabilizado por isso. Em inglês, existe uma expressão chamada **"hold the bag"** que é usada quando alguém tem que arcar com as consequências de algo que outra pessoa fez. Essa expressão pode ser usada em situações em que você acaba **"pagando o pato"** por algo que não foi sua culpa.

He made a mistake, but I had to hold the bag. / Ele cometeu um erro, mas eu tive que pagar o pato.

Whenever there's a problem, they make me hold the bag. / Sempre que há um problema, eles me fazem pagar o pato.

It's not fair that I have to hold the bag for his mistakes. / Não é justo que eu tenha que pagar o pato pelos erros dele.

She always makes me hold the bag when things go wrong. / Ela sempre me faz pagar o pato quando as coisas dão errado.

CHÁ DE BEBÊ
Como dizer "chá de bebê" em inglês

O termo **'baby shower'** pode não ser tão familiar para todos, mas descreve uma tradição alegre e amorosa conhecida no Brasil como **chá de bebê**. Nos países de língua inglesa, **'baby shower'** é o evento onde amigos e familiares se juntam para celebrar a chegada de um novo membro na família, proporcionando à futura mãe uma variedade de presentes práticos e carinhosos para o bebê.

Mas, o universo dos **chás** está cheio de surpresas e variedades. Além do **baby shower**, existem muitos outros tipos de **"chás"** que marcam diferentes ocasiões e momentos especiais. Ficou curioso? Vamos ver mais sobre isso em capítulos futuros.

Enquanto aguardamos, que tal entrarmos no clima e praticarmos algumas frases em inglês relacionadas ao **baby shower?** Isso pode nos ajudar a mergulhar na cultura e no idioma, e quem sabe, preparar-nos para participar ou organizar um 'baby shower' no futuro!

VEJA TAMBÉM: Chá de cozinha, chá de lingerie p. 109

I'm planning a baby shower for my sister next month. / Estou planejando um chá de bebê para minha irmã no próximo mês.

She received many gifts at her baby shower. / Ela recebeu muitos presentes em seu chá de bebê.

Are you attending Sarah's baby shower this weekend? /Você vai ao chá de bebê da Sarah neste fim de semana?

Sally plans to throw a baby shower for her friend. / Sally planeja dar um chá de bebê para sua amiga.

ALTA DE HOSPITAL
Como dizer "alta de hospital" em inglês

Thomas, um professor aposentado com um espírito inabalável, havia passado duas semanas no **St. Mary's Hospital** após um pequeno incidente em seu jardim que o levou a uma cirurgia inesperada. Durante sua estadia, ele se tornou um favorito tanto dos pacientes quanto da equipe com suas histórias e sabedoria.

Quando finalmente chegou o dia em que Thomas **"was discharged"** (recebeu alta), o corredor do hospital ressoou com votos de boa sorte e despedidas calorosas. **"After two weeks of treatment, he was discharged,"** (Após duas semanas de tratamento, ele recebeu alta) comentou a enfermeira-chefe **"head nurse"**, enquanto lia o prontuário **"medical record"** de Thomas.

Não muito longe dali, no mesmo andar, Mary, uma jovem bailarina que havia passado por uma cirurgia de emergência no joelho, também **"was discharged"** (recebeu alta). Seu alívio e gratidão eram evidentes em seu sorriso enquanto ela planejava seu retorno aos palcos, que agora parecia mais próximo do que nunca.

E havia ainda a história da senhora Thompson, cuja determinação em deixar o hospital era tão forte quanto seu amor por jardinagem. **"My grandma was discharged"** (Minha avó recebeu alta), anunciou seu neto com alegria, sabendo que ela estaria no jardim assim que chegassem em casa, talvez com um pouco mais de cuidado desta vez.

Na sala de espera, uma conversa entre duas pessoas destacava a eficiência da equipe do hospital. **"He's being discharged tomorrow,"** (Ele vai receber alta amanhã) dizia uma mulher ao telefone, claramente aliviada que seu pai poderia continuar sua recuperação no conforto de sua casa.

Essas histórias de alta hospitalar se entrelaçavam pelos corredores do St. Mary's, lembrando a todos que, apesar das dificuldades, há sempre um caminho de volta para casa. Para Thomas, Mary e a senhora Thompson, **"being discharged"** (receberem alta) não significava apenas o fim de um tratamento, mas o início de uma nova fase de recuperação e esperança.

Any idea on when he'll be discharged? / Alguma ideia de quando ele receberá alta?

I heard she might be discharged today. / Eu soube que ela pode receber alta hoje.

Do you know if he's been discharged yet? / Você sabe se ele já recebeu alta?

The doctors discharged him 7 days after surgery. / Os médicos deram a alta dele 7 dias após a cirurgia.

Se a informação estiver sendo passada por um médico, ele poderá dizer:

You'll be discharged today. / Você receberá alta hoje.

I'm discharging you today, ok? But you have to stay home from work. / Eu vou te dar alta hoje, mas você deve ficar em casa.

A LETRA DELE É BONITA
Como dizer "a letra dele é bonita" em inglês

Numa fria tarde de outono em Edimburgo, Tomás, perdido em pensamentos e fascinado pela cidade histórica, decidiu entrar em um café antigo perto da Royal Mile. O aroma do café misturado com o cheiro de livros antigos criava uma atmosfera acolhedora. Enquanto se acomodava em um canto isolado, seu olhar foi atraído para um homem idoso, sentado sozinho, cuja caligrafia era tão fluida e elegante que parecia feita por um artista.

Impressionado e querendo praticar seu inglês, Tomás se aproximou hesitante. **"Your letter is neat,"** "Sua letra é bonita" disse ele, tentando iniciar uma conversa. O homem, chamado Ian, olhou para ele por um momento com uma expressão confusa, antes de um sorriso compreensivo surgir em seu rosto.

"Você deve querer dizer **'your handwriting',"** Ian corrigiu gentilmente, sua voz rouca quebrando a barreira inicial entre eles. **'Letter'** aqui se refere às letras do alfabeto, enquanto **'handwriting'** é o modo como escrevemos."

Tomás sentiu uma onda de embaraço, mas a gentileza de Ian o encorajou a continuar a conversa. "Ah, sim, entendi agora. Em português, usamos a mesma palavra para ambos, por isso a confusão. Obrigado pela explicação," Tomás respondeu, agradecido pela paciência de Ian. Vejamos algumas frases para praticarmos a forma correta:

His handwriting is so neat; it's a pleasure to read. / A letra dele é tão bonita; é um prazer ler.

He's got neat handwriting / Ele tem uma letra bonita.

I wish my handwriting was as nice as hers. / Eu queria que minha letra fosse tão bonita quanto a dela.

Can you read this? My handwriting is terrible. / Você consegue ler isso? Minha letra é horrível.

The teacher praised him for his neat handwriting. / O professor o elogiou pela letra bonita.

I envy people with beautiful handwriting. / Eu invejo pessoas com letra bonita.

Your handwriting is so clear and easy to read. / Sua letra é tão clara e fácil.

A COCA ESTÁ SEM GÁS
Como dizer "a coca está sem gás" em inglês

Sabe quando você abre aquela coca geladinha com a expectativa de tomar um gole refrescante e... nada de gás? É frustrante, não é? Em inglês, quando queremos dizer que a coca está sem gás, usamos a expressão **"The Coke is flat"**. Ou seja, **"A coca está sem gás"**. É uma forma simples e direta de expressar essa situação.

The Coke is flat, I think it's been open too long. / A coca está sem gás, acho que ficou aberta por muito tempo.

Don't bother with that can, The Coke is flat. / Não se preocupe com aquela lata, a coca está sem gás.

I'll get a new bottle, The Coke is flat in this one. / Vou pegar uma nova garrafa, a coca está sem gás nesta.

ÁGUA DOCE
Como dizer "água doce" em inglês

Ao falar sobre tipos de água em inglês, pode surgir a confusão entre **"fresh water"** e **"sweet water"**. Embora possa parecer tentador traduzir literalmente como **"sweet water"**, a forma correta para referir-se à água doce, no sentido de não salgada e natural de rios e lagos, é **"fresh water"**.

A expressão **"sweet water"** é menos comum e pode ser usada para descrever água que tem um sabor adocicado, algo que geralmente não se aplica à maioria das fontes naturais de água. Para água contendo sal, a expressão correta é **"salt water"**, enquanto "sea water" especificamente refere-se à água do mar, que é naturalmente salgada.

Entendendo essas nuances, você pode comunicar mais precisamente sobre diferentes tipos de água em inglês. Agora, sinta-se à vontade para praticar com algumas frases, explorando o uso desses termos no contexto certo.

I prefer drinking fresh water straight from the mountain springs. / Eu prefiro beber água doce diretamente das nascentes das montanhas.

The lake is known for its crystal-clear fresh water, perfect for swimming. / O lago é conhecido por sua água doce cristalina, perfeita para nadar.

After a long hike, nothing beats the taste of fresh water from a natural spring. / Depois de uma longa caminhada, nada supera o sabor da água doce de uma fonte natural.

The region is famous for its abundance of fresh water, making it ideal for fishing and boating. /A região é famosa pela abundância de água doce, tornando-a ideal para pesca e passeios de barco.

The village relies on a nearby river for its fresh water supply. / A vila depende de um rio próximo para seu abastecimento de água doce.

Sweet water (água doce "por conter açúcar)

After the rain, the puddles had sweet water due to the sugar mill nearby. /Após a chuva, as poças tinham água doce devido à usina de açúcar próxima.

She thought the water tasted sweet because of the sugarcane fields. Ela achou que a água estava doce por causa dos campos de cana-de-açúcar.

She realized the water was sweet after seeing sugar crystals at the bottom of the glass. / Ela percebeu que a água estava doce depois de ver cristais de açúcar no fundo do copo.

SE FAZER DE DIFÍCIL
Como dizer "se fazer de difícil" em inglês

Começando com um trecho da música **"Beneath Your Beautiful"** de Labrinth feat. Emeli Sandé, refletimos sobre a ideia de barreiras emocionais: **"You've built your wall so high That no one could climb it But I'm gonna try"** "Você construiu um muro tão alto que ninguém conseguiria escalá-lo, mas eu vou tentar". Esse verso nos introduz ao conceito de alguém que parece inacessível (difícil), criando um mistério que atrai a atenção e o esforço dos outros.

No contexto das relações interpessoais, talvez você já tenha encontrado alguém que parecia estar sempre um passo à frente, mantendo uma distância, como se estivesse desafiando você a se esforçar mais. Em inglês, descrevemos esse comportamento como **"playing hard to get"**. Essa expressão capta a essência de alguém que **"se faz de difícil"**, agindo de maneira a parecer menos acessível ou interessada para testar a persistência ou o interesse de outra pessoa.

Vamos praticar esta expressão com alguns exemplos, para que você possa entender como usá-la em conversas reais. E prepare-se, pois na próxima página vamos mergulhar em um tópico muito interessante.

She's always playing hard to get, but I know she's got a crush on him. / Ela está sempre se fazendo de difícil, mas eu sei que está a fim de mim.

Don't play hard to get, just tell him how you feel. / Não se faça de difícil, apenas diga a ele como se sente.

She's not really into you; she's just playing hard to get. / Ela não está realmente interessada; ela só está se fazendo de difícil.

PEIDAR, SOLTAR UM PEIDO

Como dizer "peidar, soltar um peido" em inglês

Todo mundo já passou por isso: aquele momento em que precisa se referir a uma ação tão natural, mas potencialmente embaraçosa como peidar. Em inglês, a linguagem oferece algumas opções criativas e variadas para descrever esse ato.

- **To fart:** Esta é a forma mais direta e universal de dizer **"peidar"**. É uma palavra simples e clara, compreendida em todos os contextos, mas que deve ser usada com cautela por ser bastante explícita.
- **Cut the cheese:** Para quem busca uma expressão mais leve e com um toque de humor, **"cut the cheese"** serve perfeitamente. É uma forma jocosa de falar sobre peidar, trazendo um pouco de comicidade para a conversa.
- **Break wind:** Se a situação pede um termo mais polido ou se você prefere uma linguagem mais formal, **"break wind"** é a escolha ideal. Essa expressão suaviza o assunto, permitindo que você fale sobre ele de maneira mais discreta e elegante.

Assim como em português temos **"soltar um peido"** ou **"soltar uma bufa"**, o inglês oferece essas variadas expressões para se adaptar ao tom e à formalidade da conversa.

Escolher a expressão certa pode salvar o momento, então, dependendo do seu público e do contexto, escolha sabiamente!

He broke wind at dinner. / Ele soltou um pum durante o jantar.

Please don't fart in the car. / Por favor, não peide no carro.

Grandpa broke wind at dinner. / O vovô soltou um pum durante o jantar.

She farted during the meeting. / Ela peidou durante a reunião.

She cut the cheese accidentally in class. / Ela soltou uma bufa sem querer na aula.

He farted in the crowded lift. / Ele peidou no elevador lotado.

E se você quiser **segurar o peido**, você pode usar a frase: "**to hold back**".

It's challenging to hold back a fart when you're laughing uncontrollably. / É desafiador segurar um peido quando você está rindo incontrolavelmente.

She had to hold back a fart while sitting in the library. / Ela teve que segurar um peido enquanto estava sentada na biblioteca.

The priest tried to hold back farts during the somber funeral service. / Padre tentou segurar os peidos durante o enterro.

He held back farts when he was in a crowded elevator. / Ele segurou os peidos quando estava num elevador lotado.

FAZER XIXI, MIJAR, DAR UMA MIJADA
Como dizer "fazer xixi, mijar, dar uma mijada" em inglês

Quando se trata de falar sobre o ato universal de urinar, o inglês tem uma variedade de termos que se encaixam em diferentes níveis de formalidade e contexto.

- **Pee:** Esta é a palavra padrão e informal, facilmente compreendida em conversas do dia a dia. **"I need to go pee"** (Eu preciso fazer xixi) é uma maneira direta e simples de expressar a necessidade de usar o banheiro.

- **Take a leak:** Usada predominantemente por homens, essa expressão coloquial é informal e um pouco bruta. **"I'll be right back, I need to take a leak"** (Já volto, preciso mijar) é uma forma descontraída de dizer que você precisa urinar, mas pode ser considerada vulgar em ambientes formais.

- **Make a pee** ou **to go pee:** Para as mulheres, estas são versões mais delicadas e polidas, usadas em conversas casuais. **"Excuse me, I need to go pee"** (Com licença, preciso fazer xixi) é educado, mas mantém a informalidade.

- **My back teeth are floating:** Uma expressão idiomática e humorística usada por americanos para indicar uma necessidade urgente de urinar. É bastante informal e geralmente usada entre amigos.
- **Bursting:** No Reino Unido, se você está realmente apertado e precisa ir ao banheiro urgentemente, pode dizer **"I'm bursting"** (Estou apertado).

Agora que conhecemos as diferentes maneiras de expressar essa necessidade em inglês, vamos praticar com algumas frases para se sentir mais confortável usando-as em situações apropriadas.

I need to go pee before we leave the house. / Eu preciso fazer xixi antes de sairmos de casa.

He's going to take a leak behind those bushes. / Ele vai dar uma mijada atrás daquelas moitas.

Excuse me, I need to make a pee break. / Com licença, preciso fazer uma pausa para fazer xixi.

My back teeth are floating, I gotta find a restroom! / Estou apertado, preciso encontrar um banheiro!
She's bursting, let's find a bathroom quickly. / Ela está apertada, vamos encontrar um banheiro rapidamente.
I'll wait for you here while you take a leak. / Vou te esperar aqui enquanto você dá uma mijada.
He's so polite, he asked if he could take a leak in the bushes. / Ele é tão educado, ele perguntou se podia dar uma mijada nas moitas.

HOMEM MORTO, CASO PERDIDO

Como dizer "homem morto, caso perdido, ferrado" em inglês

Para dizer que alguém é um homem morto ou caso perdido, usamos a gíria **"goner"** em inglês. Essa é uma gíria bastante peculiar e geralmente é usada de forma humorística para descrever alguém que está em apuros, prestes a enfrentar consequências graves. Literalmente, **"goner"** significa "pessoa prestes a morrer", mas na maioria das vezes é empregada de maneira mais leve, quase como uma brincadeira.

Por exemplo, imagine alguém que está prestes a ser pego fazendo algo que não deveria. Eles podem dizer: "**If my wife finds out about this, I'm a goner!**" "Se a minha esposa ficar sabendo disso, eu sou um homem morto!" Nesse contexto, **"goner"** é usado para transmitir a ideia de que a pessoa está em sérios apuros ou que enfrentará consequências severas por suas ações. Exemplos em frases para você utilizar:

If I miss this deadline, I'm a goner! / Se eu perder esse prazo, estou perdido/morto!

He forgot his wife's birthday again? He's a goner for sure! / Ele esqueceu o aniversário da esposa de novo? Ele está lascado com certeza!

If I fail this test, I'm a goner. My parents will ground me for weeks! / Se eu falhar nessa prova, eu sou um homem morto. Meus pais vão me colocar de castigo por semanas!

She's been avoiding me since I forgot our anniversary. I think I'm a goner in this relationship. / Ela tem me evitado desde que esqueci nosso aniversário. Acho que estou perdido nesse relacionamento.

PÃO FRANCÊS, DE FORMA, INTEGRAL
Como dizer "pão francês, de forma, integral" em inglês

No pitoresco mundo do pão, onde cada pão conta sua própria história, encontramos uma variedade de opções para aguçar o paladar e aquecer a alma.

Vamos começar com o clássico Pão Francês (**roll**), uma obra-prima culinária **"culinary masterpiece"** com sua crosta dourada e interior macio e fofinho '**soft and fluffy**'. É o companheiro perfeito para uma sopa substanciosa ou uma simples camada de manteiga e geleia **"layer of butter and jelly"**.

Em seguida, temos o sempre confiável Pão de Forma (**White**

Bread). Macio e versátil, é como uma tela em branco esperando para ser transformado em sanduíches, torradas "**toasts**" ou até mesmo deliciosas rabanadas "**French toast**" para um brunch de domingo preguiçoso.

Para aqueles que procuram um sabor da França, não precisam procurar além da icônica Baguete (**French Stick**), cuja tradução literal não aconselho. Com sua crosta crocante (**crispy crust**) e miolo aerado, é uma obra de arte em forma de pão, ideal para cortar e compartilhar com amigos durante um piquenique descontraído. "Agora, vamos explorar o mundo dos pães aromatizados, começando pelo delicioso Pão com Gergelim (**Sesame Seed Bread**). Com suas sementes crocantes e aromático, ele adiciona um toque encantador a qualquer refeição, seja combinado com queijos salgados ou apreciado simplesmente com uma camada de **cream cheese**.

Para aqueles que abraçam um estilo de vida mais saudável (**healthy**), há o nutritivo Pão Integral (**wholemeal bread**). Rico em fibras e nutrientes, é a escolha perfeita para quem deseja nutrir o corpo sem sacrificar o sabor.

Por último, mas não menos importante, temos o indispensável Pão de Hambúrguer (**Hamburger Bun**). Macio e resistente, é o herói desconhecido do mundo dos hambúrgueres, fornecendo o recipiente perfeito para hambúrgueres suculentos (**succulent burgers**) e todos os complementos. Agora vamos com frases para você praticar:

I love to start my day with a fresh roll and a cup of coffee. / Eu adoro começar o meu dia com um pão francês e uma xícara de café.

My mom always makes sandwiches with white bread for my lunch. / Minha mãe sempre faz sanduíches com pão de forma para o meu almoço.

Let's grab a French stick from the bakery for our picnic. / Vamos pegar uma baguete na padaria para o nosso piquenique.

Have you tried the sesame seed bread? It's delicious! / Você já experimentou o pão com gergelim? É delicioso!

I prefer wholemeal bread because it's healthier. / Eu prefiro pão integral porque é mais saudável.

Can you pass me a hamburger bun, please? / Você pode me passar um pão de hambúrguer, por favor?

My grandmother used to make delicious French toast with stale bread. / Minha avó costumava fazer rabanadas deliciosas com pão amanhecido.

ELE ANDA BEBENDO
Como dizer "ele anda bebendo" em inglês

Sei que a maioria dos brasileiros já pensa: 'Já sei, para dizer que "ele anda bebendo" é **"he walks drinking"**'. Acredite, essa forma só vai passar a ideia de que alguém literalmente está andando enquanto bebe, pois é isso que um nativo irá imaginar e entender."

"Quando queremos expressar a ideia de que alguém começou a consumir bebidas alcoólicas, podemos utilizar várias expressões em inglês. Uma forma comum é simplesmente dizer **"he's been drinking"**, que significa "ele anda bebendo" ou "ele tem bebido". Essa expressão é simples e direta, sendo facilmente compreendida.

Outra maneira de expressar a mesma ideia é usando a forma contínua do verbo **"to drink"**, como em **"he's drinking"**, que traduzido seria **"ele está bebendo"**. Ambas as formas são comuns e podem ser utilizadas em diferentes contextos.

Além disso, uma expressão mais informal e coloquial é **"he's hitting the bottle"**, que literalmente significa "ele está batendo na garrafa", mas é usada para indicar que alguém está bebendo álcool de forma excessiva ou frequente.

Por fim, se quisermos falar que a pessoa é um **"pé de cana; cachaceiro; beberrão"** usamos as gírias **"boozer"** e **lush (brit)**

Portanto, há várias maneiras de dizer que alguém está bebendo em inglês, desde as mais formais até as mais informais, dependendo do contexto e da ênfase que queremos dar à situação." Vejamos exemplos em frases para você praticar:

He's been drinking all night. / Ele anda bebendo todo a noite.

He's been drinking every day, and his wife doesn't know what to do. / Ele anda bebendo todo dia, e a esposa não sabe o que fazer.

He's been drinking too much lately, and it's affecting his job. / Ele anda bebendo demais ultimamente e isso está prejudicando seu trabalho.

He's been drinking secretly from his family. / Ele anda bebendo escondido da família.

He's been drinking so much that he can barely stand up. / Ele anda bebendo tanto que mal consegue ficar de pé.

Boozer "pé de cana; cachaceiro; beberrão"

He's a real boozer, always drinking and causing trouble. / Ele é um verdadeiro **pé de cana**, sempre bebendo e causando problemas.

The old man down the street is known as the neighborhood boozer. / O velho que mora na rua é conhecido como o cachaceiro do bairro.

After the divorce, he became a real boozer, drowning his sorrows in alcohol. / Depois do divórcio, ele virou um puta cachaceiro, afogando suas mágoas em álcool.

ELE(A) DEU PARA BEBER
Como dizer "ele(a) deu para beber" em inglês

Você já se deparou com alguém que, de repente, **deu pra beber** mais do que o habitual? Em inglês, quando queremos expressar essa ideia, usamos a frase **"He took to drinking"**. Essa expressão é usada para descrever o momento em que alguém desenvolve o hábito de beber de forma excessiva ou habitual. Por exemplo, **"After losing his job, he took to drinking as a way to cope with the stress"** Depois de perder o emprego, ele deu para beber como forma de lidar com o estresse.

Outro exemplo seria: **"She started taking to drinking heavily after her father passed away"** / Ela deu para beber muito depois que seu pai faleceu.

Essa expressão é útil para descrever uma mudança de comportamento em relação ao álcool e é comumente usada em situações em que alguém começa a beber de forma preocupante ou fora do comum. Veja algumas frases para você praticar:

He took to drinking after his divorce. / Ele deu para beber depois do divórcio.

She started taking to drinking when she moved to the city. / Ela deu para beber quando se mudou para a cidade.

It's concerning how quickly he's taken to drinking. / É preocupante o quão rapidamente ele deu para beber.

She never used to drink much, but lately, she's taken to drinking every night. / Ela não costumava beber muito, mas ultimamente, ela deu para beber todas as noites.

He took to drinking heavily after the accident. / Ele deu para beber muito depois do acidente.

ENCHER A CARA
Como dizer "encher a cara" em inglês

Então, você quer saber como se expressar em inglês quando alguém decide **'encher a cara',** certo? Bem, não é algo que a gente sempre fala sobre, mas é bom estar preparado!

Quando alguém decide beber bastante em pouco tempo, a gente pode dizer que essa pessoa está **'going on a drinking binge'** ou **'going on a drinking spree'**. É como se ela tivesse entrado em uma maratona de bebida!

Agora, se a pessoa decide beber por vários dias seguidos, sem parar, aí a gente diz que ela está **'going on a bender'**. É quase como se ela tivesse feito uma reserva no bar e decidido ficar por lá mesmo!

E, se você vir alguém realmente muito bêbado, daqueles que mal conseguem ficar de pé, aí você pode dizer que a pessoa **'got blind drunk'**. É como se a pessoa estivesse tão bêbada que não conseguisse nem enxergar direito! Vamos praticar com algumas frases:

Todos nós temos aqueles momentos de curiosidade sobre como

expressar certas ações em outro idioma, especialmente aquelas um pouco mais ousadas, como **"encher a cara"**. Vamos mergulhar em algumas expressões inglesas que capturam a essência de beber em excesso.

- **Going on a drinking binge/spree**: Essa expressão é usada quando alguém decide beber muito em um curto período de tempo. Imagine uma maratona de bebida, onde a pessoa se entrega ao álcool intensamente por uma noite ou uma ocasião específica.

- **Going on a bender**: Agora, se alguém está bebendo continuamente por vários dias, essa é a expressão adequada. É quase como se a pessoa tivesse feito um contrato com o dono do bar, prometendo não sair de lá por um bom tempo.

- **Got blind drunk**: Para aqueles momentos em que alguém exagera a ponto de mal conseguir se manter em pé, usamos **"got blind drunk"**. Essa expressão vividamente descreve alguém que bebeu tanto que perdeu praticamente toda a percepção.

Entender essas expressões pode ajudar a compreender melhor as nuances da língua inglesa e como os falantes nativos descrevem diferentes níveis de intoxicação alcoólica. Agora, que tal praticarmos com algumas frases para fixar esses termos?

He went on a drinking binge last night and can't remember a thing. / Ele encheu a cara de bebida ontem à noite e não se lembra de nada.

She decided to go on a drinking spree after a stressful week at work. / Ela decidiu encher a cara depois de uma semana estressante no trabalho.

They went on a bender during their vacation and had a great time. / Eles encheram a cara de bebida durante as férias e se divertiram muito.

After the party, he got blind drunk and had to be carried home. / Depois da festa, ele encheu tanto a cara de bebida que teve que ser carregado para casa.

SUA FATURA VENCE AMANHÃ
Como dizer "sua fatura vence amanhã" em inglês

A palavra **'vencer'** em português tem uma riqueza de significados que se desdobram em diferentes termos em inglês, dependendo do contexto.

Para falar de prazos, como o de uma fatura, usamos a expressão **'It's due tomorrow'** para dizer **"sua fatura vence amanhã"**. Esta expressão comunica que o último dia para realizar o pagamento está se aproximando. Por exemplo, **'Your credit card bill is due tomorrow'** nos alerta de que o pagamento da fatura do cartão de crédito precisa ser efetuado até amanhã.

Quando o assunto é o prazo de validade de produtos, o termo **'expire'** é o mais adequado. Dizer **'This milk expires next month'** é o equivalente a informar que **"esse leite vence no próximo mês"**, indicando que o produto não deverá ser consumido após essa data.

Para expressões de conquista ou superação, o inglês nos oferece várias opções, como **'to overcome'**, **'to conquer'**, e **'to triumph'**. Usamos **'She overcame her fears'** (Ela venceu seus medos), **'He conquered his challenges'** (Ele venceu seus desafios) ou **'We triumphed over adversity'** (Nós triunfamos sobre a adversidade) para descrever situações de vitória pessoal ou coletiva.

E, claro, há o **'win'**, usado para falar de vitórias em competições ou contextos onde há um claro ganhador, como em **'She wins the race'** (Ela vence a corrida).

Diferentes contextos, diferentes usos, mas todos carregam a essência de 'vencer'. Vamos praticar com algumas frases para dominar essas nuances em inglês?

The rent payment is due on the first of the month. / O pagamento do aluguel vence no dia primeiro do mês.

Our electricity bill is due at the end of the week. / A nossa conta de luz vence no final da semana.

We had to throw out the cheese because it had expired. /
Tivemos que jogar o queijo fora porque tinha vencido.

She got sick after eating the yogurt that had expired. / Ela
ficou doente depois de comer o iogurte que tinha vencido.

**The team won the championship after a season of intense
training.** / O time venceu o campeonato após uma temporada de
treinamento intenso.

She overcame her stage fright and delivered an amazing. / Ela
venceu seu medo de palco e deu uma performance incrível.

JOGAR NA CARA

Como dizer "jogar na cara" em inglês

Às vezes, as pessoas gostam de lembrar os outros dos erros ou
mancadas que cometeram, não é mesmo? Em inglês, quando alguém
faz isso, podemos dizer que a pessoa está **'rubbing someone's nose
in it'** ou simplesmente **'rubbing it in'**.

Essas expressões são usadas para descrever o ato de lembrar alguém
de algo desagradável que a pessoa fez ou disse, como se estivesse
esfregando na cara dela.

Por exemplo, se alguém comete um erro no trabalho e um colega
fica lembrando disso o tempo todo, podemos dizer que esse colega está
'rubbing their nose in it'. Ou seja, está constantemente lembrando a
pessoa do erro que ela cometeu.

Da mesma forma, se alguém se sai mal em uma competição e outra
pessoa fica falando sobre isso repetidamente, podemos dizer que essa
pessoa está **'rubbing it in'**. É como se ela estivesse esfregando o
fracasso na cara da outra pessoa.

É importante lembrar que ficar lembrando os outros de seus erros
'rubbing someone's nose in it' pode ser desagradável e não é uma
atitude muito simpática. Mas, agora você já sabe como se expressar em
inglês caso precise descrever essa situação! Vamos de exemplos abaixo:

She made a mistake in the meeting, and her colleague keeps

rubbing her nose in it. / Ela cometeu um erro na reunião, e seu colega fica jogando na cara dela.

After losing the game, he didn't want his friends to rub it in. / Depois de perder o jogo, ele não queria que seus amigos jogassem na cara dele.

I know I was late, but there's no need to keep rubbing my nose in it. / Eu sei que me atrasei, mas não precisa ficar jogando na minha cara.

She failed the test, and her classmates keep rubbing it in. / Ela reprovou na prova, e seus colegas ficam jogando na cara dela.

IR DIRETO AO PONTO
Como dizer "Ir direto ao ponto" em inglês

Todos nós conhecemos a importância de ser conciso, especialmente quando o tempo é essencial ou quando o assunto é urgente. Para expressar a ideia de ir **direto ao ponto** em inglês, usamos a expressão **'Cut to the chase'**.

Interessantemente, essa expressão tem suas raízes no mundo do cinema, originando-se das orientações dadas pelos diretores para focar nas cenas de perseguição, que eram frequentemente as mais dinâmicas e emocionantes. Eles instruíam os editores a **"cortar"** direto para a ação, eliminando qualquer preliminar prolongada que pudesse retardar o ritmo da narrativa.

Com o passar do tempo, **'Cut to the chase'** transcendeu seu uso cinematográfico e se tornou uma maneira coloquial de pedir que alguém vá direto ao ponto crucial da conversa ou argumento, sem desvios ou detalhes desnecessários.

Por exemplo, se você está em uma reunião e alguém começa a se desviar com detalhes irrelevantes, você pode usar **'Can you please cut to the chase?'** (Você pode ir direto ao ponto, por favor?) para solicitar um foco no que é realmente importante. Ou, se estiver ouvindo uma história que parece não ter fim, um firme **'Cut to the chase!'** pode ser a maneira eficaz de chegar ao cerne da narrativa.

Explorar o uso dessa expressão não apenas enriquece nosso vocabulário, mas também nos ajuda a entender como expressões idiomáticas podem adicionar cor e precisão à comunicação.

Agora que conhecemos a origem e o uso de **'Cut to the chase'**, vamos praticar com alguns exemplos para ver como essa expressão pode ser aplicada em conversas do dia a dia.

I don't have time for small talk. Let's cut to the chase. / Não tenho tempo para conversa fiada. Vamos direto ao ponto.

Instead of discussing the details, let's cut to the chase and talk about the main issues. / Em vez de discutir os detalhes, vamos direto ao ponto e falar sobre os principais problemas.

Sorry to interrupt, but can we cut to the chase and focus on the most important aspects? / Desculpe interromper, mas podemos ir direto ao ponto e focar nos aspectos mais importantes?

PRAÇA DE ALIMENTAÇÃO
Como dizer "praça de alimentação" em inglês

Ao passear por um shopping center, você já se perguntou como seria entrar em um **Tribunal de Comida?** Pois bem, no mundo anglo-saxão, é exatamente assim que chamamos a nossa querida praça de alimentação: **'food court'**. Uma tradução ao pé da letra nos dá **"Tribunal de Comida",** mas não se assuste! Lá, a única disputa que você encontrará será entre as diversas opções gastronômicas clamando pela sua atenção.

Neste **"tribunal",** ao invés de juízes e advogados, temos hambúrgueres, pizzas, sushi e uma infinidade de outros pratos deliciosos, cada um **"pleiteando"** ser a sua escolha para a próxima refeição. Imagine cada restaurante como um advogado, argumentando por que prato merece o **"veredito"** do seu paladar.

Então, na próxima vez que estiver no shopping e alguém quiser saber onde fica a **praça de alimentação**, você pode responder com confiança: 'Oh, você quer dizer o **Food Court?** É por ali, ao lado da loja de roupas'. Pronto para praticar essa nova expressão com algumas frases?

Let's meet at the food court for lunch. / Vamos nos encontrar na praça de alimentação para o almoço.

The food court in this mall has a great variety of options. / A praça de alimentação deste shopping tem uma ótima variedade de opções.

I'm craving Chinese food, so I'll head to the food court. / Estou com vontade de comida chinesa, então vou para a praça de alimentação.

The food court is a popular spot for families and friends to gather. / A praça de alimentação é um local popular para famílias e amigos se reunirem.

Could you tell me the way to the food court, please! / Você poderia me dizer onde fica a praça de alimentação?

VARINHA MÁGICA
Como dizer "varinha mágica" em inglês

Quando pensamos em histórias de contos de fadas e fantasia, é comum lembrar das varinhas mágicas usadas por personagens como fadas madrinhas **'Fairy Godmother'** e magos **'wizard'**. Uma vez, tive dois alunos ardorosos fãs de **Harry Potter,** e durante uma aula animada, um deles me perguntou de repente: **'Professor, professor! como se diz varinha mágica em inglês?'**
Naquele momento, desejei ter alguma palavra mágica ou poder que me fizesse desaparecer. Eu pensei, com uma pitada de sarcasmo, **'De**

todas as perguntas, ele tinha que escolher essa?'. Sem resposta na hora, dei um sorriso e disse que precisaria fazer uma pequena pesquisa mágica para descobrir, pois eu não era bruxo e magia não era exatamente minha especialidade.

A busca pela resposta revelou-se uma jornada de descoberta: **'varinha mágica'** em inglês é **'magic wand'**. Para os fãs de histórias encantadas, a palavra **'wand'** por si só já é suficiente para evocar imagens de fadas madrinhas e magos poderosos, agitando suas varinhas para conjurar encantamentos.

Foi uma situação que trouxe risadas e aprendizado, mostrando que até professores têm seus momentos de aprendiz com seus alunos. E agora, preparado para praticar algumas frases com **'magic wand'?**

The fairy godmother waved her magic wand and the pumpkin turned into a carriage. / A fada madrinha agitou sua varinha de condão e a abóbora se transformou em uma carruagem.

He wished he had a magic wand to solve all his problems. / Ele queria ter uma varinha de condão para resolver todos os seus problemas.

With a swish and flick, Harry cast a spell using his magic wand. / Com um movimento rápido, Harry lançou um feitiço com sua varinha mágica.

The students at Hogwarts were learning how to use their magic wands / Os alunos de Hogwarts estavam aprendendo a usar suas varinhas mágicas.

ELE FEZ DEZOITO ANOS

Como dizer "Ele fez dezoito anos" em inglês

Chegar aos dezoito anos é um rito de passagem, um momento de celebração da liberdade e da entrada na vida adulta. Para expressar essa transição importante em inglês, dizemos **'He turned eighteen'**. Essa frase captura o espírito de alcançar a maioridade, carregada de expectativas e a felicidade de abraçar novas responsabilidades.

Dizer **'He turned eighteen'** é como proclamar um novo capítulo da vida, acompanhado de um sorriso de quem conquistou um grande marco. O uso do verbo **'turn'** aqui é simbólico, marcando a virada para uma nova fase, repleta de liberdade e também de responsabilidades.

É fundamental evitar mal-entendidos comuns, como **'He made eighteen'** ou **'He completed eighteen'**, que podem soar estranhos e confusos para falantes nativos. **'He made eighteen'** parece que a pessoa criou sua própria idade, enquanto **'He completed eighteen'** soa como se estivesse finalizando uma tarefa ou formulário.

Portanto, para falar sobre esse momento especial em inglês, lembre-se: **'He turned eighteen'** é a expressão perfeita para comemorar o orgulho e a alegria de entrar na vida adulta. Vamos agora praticar essa expressão com alguns exemplos, para celebrar esse marco em grande estilo!

I turned eighteen last week, so they threw him a big party. / Eu completei dezoito anos semana passada, então fizeram uma grande festa para mim.

She couldn't wait to turn eighteen and move out of her parents' house. / Ela mal podia esperar para completar dezoito anos e sair da casa dos pais.

She turned twenty-one last month and celebrated with a trip to Las Vegas. / Ela completou vinte e um anos no mês passado e comemorou com uma viagem para Las Vegas.

He turned thirty and decided it was time for a career change. / Ele completou trinta anos e decidiu que era hora de mudar de carreira.

They're excited to turn sixteen next year and get their driver's license. / Eles estão animados para completar dezesseis anos no próximo ano e tirar a carteira de motorista.

When I turn fifty, I want to travel the world. / Quando eu completar cinquenta anos, quero viajar pelo mundo.

COMO DIZER FILHO CAÇULA

Como dizer "como dizer filho caçula" em inglês

Em cada família, os filhos ocupam posições únicas que frequentemente vêm com características e expectativas específicas. O **'only child'**, ou **filho único**, é como um farol de atenção, cercado pelos cuidados e expectativas dos pais.

O **'pampered child'**, traduzido como **filho mimado**, muitas vezes é visto como o centro das atenções na dinâmica familiar, constantemente no foco do carinho e dos cuidados parentais.

Quanto ao **'youngest son'** ou **'youngest daughter'**, conhecidos em português como **filho caçula** e **filha caçula**, eles geralmente injetam uma dose extra de energia e vitalidade no seio familiar. Eles costumam receber uma atenção especial, sendo ao mesmo tempo **mimados** e protegidos pelos irmãos mais velhos.

Na linguagem informal, quando nos referimos ao irmão caçula, podemos usar **'kid brother'**, e para a irmã caçula, **'kid sister'**. Esses termos carregam uma conotação de carinho e proximidade fraterna. No entanto, é importante notar que **'kid son'** ou **'kid daughter'** não são usados nesse contexto.

Agora que você sabe como expressar essas relações familiares em inglês, veja alguns exemplos em frases que ilustram esses termos no uso cotidiano.

My cousin is the only child in their family. / Meu primo é filho único na família dele.

She's the youngest daughter, so she's used to being taken care of. /Ela é a filha caçula, então está acostumada a ser cuidada.

He's always been a bit of a pampered child, getting whatever he wants. / Ele sempre foi um pouco mimado, conseguindo tudo o que quer.

They treat their youngest son like he's still a baby. / Eles tratam o filho caçula como se ele ainda fosse um bebê.

Don't pamper him too much, or he'll become spoiled / pampered. / Não o mime demais, senão ele ficará mimado.
It's important not to pamper children too much. / É importante não mimar as crianças demais.

ARRUMAR A CAMA
Como dizer "arrumar a cama" em inglês

Aquele momento matinal familiar para muitos: o eco da voz da mãe lembrando de 'arrumar a cama'. Se você já viveu isso ou conhece alguém nessa situação, saiba que em inglês dizemos **'make the bed'**.

Quando se trata de **'arrumar o quarto'**, a expressão se transforma em **'tidy up the room'** para uma organização geral, ou **'clean up the room'** se for uma limpeza mais profunda. E se o assunto for **'arrumar uma namorada'**, em inglês seria **'find a girlfriend'**, uma busca por companhia romântica. Agora, se a necessidade é **'arrumar dinheiro'**, em inglês utilizamos **'come up with money'**, que sugere reunir ou obter a quantia necessária de alguma maneira.

Então, memorize: da próxima vez que for necessário colocar os lençóis e travesseiros em ordem, pense **'I need to make the bed!'**. Agora, vamos aprofundar nosso entendimento com alguns exemplos práticos dessas expressões:

I always make the bed as soon as I wake up. / Eu sempre arrumo a cama assim que acordo.

She tidied up the room before the guests arrived. / Ela arrumou o quarto antes da chegada dos convidados.

He found a girlfriend while studying abroad. / Ele arrumou uma namorada enquanto estudava no exterior.

He had to come up with money to pay the loan shark. / Ele teve que arrumar dinheiro para pagar o agiota.

He managed to come up with the money by selling his car. / Ele conseguiu arrumar o dinheiro vendendo o carro.

FINADO FULANO DE TAL
Como dizer "Finado fulano de tal" em inglês

Em inglês, a palavra que usamos para nos referirmos a falecidos é **"late" (finado)**. É interessante notar que **"late"** também pode significar atrasado para compromissos, o que seria ótimo se a morte seguisse atrasando os seus, rs! Brincadeiras à parte, para dizer que alguém é **finado** (falecido), basta dizer: **"the late So-and-so"** (o finado fulano de tal).

Além disso, existem várias gírias engraçadas em inglês para se referir à morte, como **"kick off"**, **"snuff"**, **"cash in"**, **"peg out"** e **"pop off"**. Por exemplo, **"He kicked off last year"** / Ele bateu as botas no ano passado.

Quando falamos sobre a cerimônia que acontece após o falecimento, o termo para velório pode ser **"wake"** ou **"viewing"**. E a única empresa que, quando a crise chega, os clientes agradecem, chamamos de **"funeral parlor"** (funerária) ou **"funeral home"** (funerária).

O caixão em inglês é conhecido como **"coffin"** ou **"casket"**, sendo este último mais comum nos Estados Unidos. O corpo é referido como **"body"** e o sepultamento ou enterro como **"burial"**. O local onde o corpo é sepultado é chamado de **"grave"** (sepultura).

Para **"papa defunto"**, pode-se usar as expressões **"undertaker"** ou **"mortician"**, que se referem aos profissionais que trabalham na preparação e organização de funerais.

A **"missa de sétimo dia"** é conhecida em inglês como **"Requiem Mass"** ou simplesmente **"seventh-day Mass"**, dependendo da tradição religiosa específica.

Dica! Para comunicar de forma mais suave o falecimento de alguém, em inglês, é comum usar a expressão **"pass away"** em vez de **"die"**. **"Pass away"** é uma forma mais suave e respeitosa de dizer que alguém faleceu. Por exemplo, ao invés de dizer **"He died last night"** (ele morreu ontem à noite), você pode dizer **"He passed away last night"**. (ele faleceu, partiu ontem à noite)

Agora vamos de frases para você praticar:

Sobre finados

The late John Smith was a respected member of the community. / O finado John Smith era um membro respeitado da comunidade.

The late Mary Johnson left behind a legacy of kindness. / A finada Mary Johnson deixou um legado de bondade.

Sobre bater as botas

The late John Smith kicked off at the age of 75. / O finado John Smith faleceu aos 75 anos.

He pegged out after a long illness. / Ele bateu as botas após uma longa doença.

Unfortunately, his business partner cashed in and left him with all the debt. / Infelizmente, seu sócio bateu as botas e o deixou com toda a dívida.

Velório (wake)

The wake for the late John Smith will be held at the church. / O velório do finado John Smith será realizado na igreja.
We attended the wake to pay our respects to the deceased. / Nós participamos do velório para prestar nossas homenagens ao falecido.

A Missa de Sétimo Dia (Requiem Mass)

The Requiem Mass for the late Willian will be held next week. / A Missa de Sétimo Dia do finado Willian será realizada na próxima semana.
The family invited friends and relatives to the Requiem Mass. / A família convidou amigos e parentes para a Missa de Sétimo Dia.

DOR DE BARRIGA, CAGANEIRA

Como dizer "dor de barriga, caganeira" em inglês

Sim! a tão fomosa dor de barriga, ou como dizemos em inglês, **"stomachache"**. Quem nunca teve aquele dia em que o estômago resolveu dar uma festinha à parte, não é mesmo? É como se uma banda de rock resolvesse fazer um show particular dentro da gente!

E quando a situação é mais... urgente? A famosa **"caganeira"**, em inglês conhecida como **"the runs"** ou **"the trots"**, é aquela visita indesejada que chega sem avisar e que nos faz correr... bem, você entendeu. É como se tivéssemos virado maratonistas de uma hora para outra, só que em um percurso bem diferente!

Assim, no dia em que seu **estômago** resolver fazer uma apresentação especial ou sua digestão decidir seguir um ritmo mais acelerado, é só falar em inglês **"I have a stomachache"** para a dor de barriga e **"I have the runs"** ou **"I have the trots"** para a caganeira. E quem sabe, talvez essas situações inesperadas até rendam algumas histórias engraçadas para contar depois!

Vamos então nos aventurar com algumas frases de exemplo, preparando você para contar suas aventuras estomacais com um sorriso e a terminologia certa em inglês:

I can't go out tonight; I have a stomachache. / Não posso sair hoje à noite; estou com dor de barriga.

She missed the meeting because she had the runs. Ela falotu a reunião porque estava com caganeira.

The spicy food gave her a bad case of the trots. /A comida apimentada lhe deu uma forte caganeira.

John missed class because he had the runs. / John faltou a aula porque estava com caganeira.

ANDAR DE BICICLETA, A CAVALO

Como dizer "andar de bicicleta, a cavalo" em inglês

Você já se pegou querendo dizer **"Eu sei andar de bicicleta"** em inglês, e quase soltou um **"I can walk by bike"?** Ah, as armadilhas da tradução literal! Isso faria parecer que você tem o hábito peculiar de levar sua bicicleta para passear, como um cachorrinho, em vez de montá-la!

Então, aqui vai a dica de ouro: **"I can ride a bike"** é o jeito correto e elegante de declarar sua habilidade ciclística em inglês. Usamos **"ride"** para indicar que estamos, de fato, pedalando e não apenas fazendo companhia à bicicleta em um passeio a pé.

E se a conversa virar para aventuras mais equinas? **"I can ride a horse"** é como você diz que sabe andar a cavalo, entrando no clima de cavaleiro medieval ou **cowgirl/cowboy** moderno. E para os fãs de velocidade sobre duas rodas, **"I can ride a motorcycle"** é a sua frase de entrada para o clube dos motoqueiros.

Lembre-se, seja pedalando, galopando ou acelerando, **"ride"** é a palavra-chave que te leva às aventuras mais emocionantes. Então, da próxima vez que quiser impressionar com suas habilidades de locomoção, já sabe qual verbo usar. Pronto para praticar com algumas frases que farão você soar como um nativo, enquanto gera algumas risadas?

I can ride a bike without using my hands. / Eu sei andar de bicicleta sem usar as mãos.

I can ride a bike without putting my hands on the handlebars. / Eu sei andar de bicicleta sem colocar as mãos no guidão.

She can ride a horse like a pro. / Ela sabe andar a cavalo como uma profissional.

He can ride a motorcycle at high speeds. / Ele sabe andar de moto em alta velocidade.

They can ride bikes for hours without getting tired. / Eles sabem andar de bicicleta por horas sem se cansar.

We can ride horses through the countryside. / Nós sabemos andar a cavalo pelo campo.

She can ride a motorcycle through busy city streets. / Ela sabe andar de moto pelas ruas movimentadas da cidade.

He can ride a bike up steep hills with ease. / Ele sabe andar de bicicleta subindo colinas íngremes com facilidade.

Outra forma de dizer que você sabe andar de bicicleta é usar o verbo "cycle" (andar ou pedalar de bicicleta).

I enjoy cycling in the park on weekends. / Eu gosto de andar de bicicleta no parque nos fins de semana.

She cycles to work every day. / Ela vai de bicicleta para o trabalho todos os dias.

We're planning to cycle along the coast next summer. / Estamos planejando andar de bicicleta ao longo da costa no próximo verão.

He cycled competitively when he was younger. / Ele competia de bicicleta quando era mais jovem.

Do you know how to cycle? / Você sabe andar de bicicleta?

ESTOU COM RESSACA, DE RESSACA

Como dizer "estou com ressaca, de ressaca" em inglês

Sim, a ressaca, esse famoso arrependimento pós-festa que nos faz jurar fidelidade à água por toda a eternidade! Se você já acordou com a sensação de que um pequeno elefante decidiu dançar samba na sua cabeça, então você conhece bem o que é estar de ressaca. E como expressamos esse estado lamentável em inglês? Dizemos **"I have a**

hangover."

Essa expressão captura toda a glória (ou a falta dela) de acordar depois de uma noite de excessos. **"Estou com ressaca"** em inglês é esse simples, mas poderoso, **"I have a hangover."** Mas, como todo bom sofredor de ressaca sabe, esse estado quase sempre vem acompanhado de juramentos de abstinência eterna. Portanto, se você quiser enfatizar sua promessa de nunca mais beber, pode usar **"I will never drink again!"** ou **"I'm swearing off alcohol for good."**

Agora que estamos equipados com o vocabulário para falar sobre nossas aventuras e arrependimentos alcoólicos em inglês, vamos praticar com algumas frases. Quem sabe elas não nos ajudam a lembrar, na próxima festa, de pegar leve com a bebida?

I have a terrible hangover today. / Estou com uma ressaca terrível hoje.

She's nursing her hangover with lots of water. / Ela está cuidando da ressaca dela com muita água.

After last night's party, he's feeling the effects of the hangover. / Depois da festa de ontem à noite, ele está sentindo os efeitos da ressaca.

My head is pounding from this hangover. / Minha cabeça está latejando por causa dessa ressaca.

I'm never drinking that much again; I can't handle the hangover. Nunca mais vou beber de novo; não consigo lidar com a ressaca.

Do you have any medicine for a hangover? / Você tem algum remédio para ressaca?

He's in bed with a bad hangover. / Ele está na cama com uma tremenda ressaca.

The hangover from last night's party is killing me. / A ressaca da festa de ontem à noite está me matando.

I have go a bloody terrible hangover /Estou com uma **(aqui vai o palavrão que seu coração pedir)** de uma ressaca.

BITUCA, PIÚBA DE CIGARRO
Como dizer "bituca, piuba de cigarro" em inglês

Já se pegou pensando como dizer **"bituca de cigarro"** em inglês, aquela sobrinha que fica depois de uma tragada satisfatória? Em terras anglófonas, esse restinho é conhecido como **"cigarette butt."** Mas não para por aí! Temos também o peculiar **"dog end,"** uma expressão que dá um ar quase carinhoso a essa pequena sobra de cigarro.

Agora, se você estiver desfrutando de um chá na Inglaterra e precisar comentar sobre uma **bituca**, use **"fagbutt"** para soar como um local. Sim, a terra da Rainha tem seu próprio termo para **piuba/bituca!**

Portanto, memorize estas opções: **"cigarette butt," "dog end,"** e **"fagbutt."** Com esses termos no seu arsenal linguístico, você não só mostrará respeito ao ambiente, jogando as **bitucas** no lixo, como também impressionará com seu conhecimento de gírias em inglês. Vamos praticar com algumas frases para que você possa falar sobre bitucas de cigarro como um verdadeiro poliglota?

I accidentally stepped on a cigarette butt in the park. / Eu sem querer pisei numa bituca de cigarro no parque.

He always throws his cigarette dog end on the ground. / Ele sempre joga suas bitucas de cigarro no chão.

The beach was beautiful, except for the cigarette butts scattered around. / A praia estava linda, exceto pelas bitucas de cigarro espalhadas por todo lado.

Please don't throw your fagbutt out of the car window. / Por favor, não jogue suas piúbas de cigarro pela janela do carro.

He dozed off and woke up with the cigarette butt burning his fingers. / Ele cochilou e acordou com a bituca de cigarro queimando seus dedos.

SONHAR COM FULANO DE TAL
Como dizer "sonhar com fulano de tal" em inglês

Você já acordou de um sonho tão vívido com alguém que sentiu como se tivessem compartilhado um momento especial, mesmo que só na sua mente? Para compartilhar essas aventuras noturnas em inglês, você dirá **"I dreamed of/about [nome da pessoa]"**. Por exemplo, **"I dreamed of/about Juliana last night"** captura perfeitamente que você passou um tempo nos braços de Morfeu pensando nela.

Mas aqui vai uma dica engraçada: cuidado para não dizer **"I dreamed with Juliana"**. Isso soaria como se vocês tivessem marcado um encontro nos sonhos, como se confirmassem no WhatsApp: **"Hey, Let's dream together at 10 p.m.?"** "Ei, vamos sonhar juntos às 22h?". Bem, não é assim que os sonhos funcionam!

Portanto, lembre-se de usar **"dream of"** ou **"dream about"** para manter suas histórias de sonhos claras e sem confusões. **"I had a dream about/of Juliana"** é uma maneira ótima de iniciar um relato sobre suas aventuras oníricas. Agora, que tal praticarmos com algumas frases para ter certeza de que você conseguirá contar seus sonhos em inglês sem fazer confusão?

I dreamed about a beach vacation last night. / Eu sonhei com umas férias na praia ontem à noite.

She often dreams of flying like a bird. / Ela frequentemente sonha em voar como um pássaro.

He dreamed about winning the lottery. / Ele sonhou em ganhar na loteria.

Have you ever dreamed of your boss? / Você já sonhou com seu chefe?

She often dreams about her deceased grandmother. / Ela

frequentemente sonha com sua avó falecida.

He dreamed of his crush and woke up with a smile. / Ele sonhou com sua paixão e acordou sorrindo.

She often dreams of her childhood home. / Ela frequentemente sonha com a casa de sua infância.

BRINCAR DE ESCONDE-ESCONDE
Como dizer "brincar de esconde-esconde" em inglês

Ah, a empolgante sensação de se esconder e esperar, com o coração acelerado, enquanto os passos do **"conta/pegador"** ecoam pelo ambiente! Esse é o espírito do **"hide and seek",** o esconde-esconde que transcende culturas e gerações, uma brincadeira universal que desperta risadas e adrenalina em crianças (e, vamos admitir, em adultos também) ao redor do mundo.

Em inglês, a arte de se esconder e procurar é conhecida como **"play hide and seek"**. **"Play"** é o nosso 'brincar', e **"hide and seek"** captura essa dança de esconder e procurar, um jogo que combina suspense, estratégia e diversão instantânea. Quando dizemos **"Let's play hide and seek",** estamos convidando para um jogo onde móveis, armários e camas se transformam em esconderijos secretos, e cada canto da casa pode ser o próximo refúgio perfeito.

Então, na próxima vez que você estiver em um parque ou até mesmo em casa querendo reviver memórias ou criar novas, lembre-se de **"play hide and seek".** Vamos dar uma olhada em algumas frases para praticar, para que você possa mergulhar nesse jogo nostálgico em qualquer idioma!

Let's play hide and seek in the park. / Vamos brincar de esconde-esconde no parque.

They are hiding behind the bushes. / Eles estão se escondendo atrás das moitas.

We used to play hide and seek in the backyard when we were kids. / Nós costumávamos brincar de esconde-esconde no quintal quando éramos crianças.

The children are giggling as they hide. / As crianças estão rindo enquanto se escondem.

The seeker is counting to 100. / O pegador está contando até 100.

He found me quickly because I was giggling too loudly. / Ele me encontrou rápido porque eu estava rindo alto demais.

They decided to play hide and seek indoors because of the rain. / Eles decidiram brincar de esconde-esconde dentro de casa por causa da chuva.

BELICHE
Como dizer "beliche" em inglês

E então, o beliche, ou **'bunk bed'** em inglês, esse palco de tantas aventuras e disputas noturnas! Recordo-me dos tempos em que, com seis irmãos, a luta pelo território do beliche superior era um evento diário. Essa cama elevada parecia um trono, desejado por todos!

Na minha família, as batalhas noturnas eram intensas. Todos nós queríamos o prestigiado posto no topo, mas, quase como uma regra não escrita, era meu irmão mais velho quem sempre conquistava esse espaço cobiçado. Suas habilidades de negociação e a vantagem da idade eram invencíveis.

Em alojamentos durante viagens de escola ou acampamentos, a competição pelo beliche de cima se intensificava. O **'bunk bed'** não era apenas um lugar para dormir; era o troféu de uma competição silenciosa de astúcia e rapidez.

Essas memórias, pautadas pelas divertidas (e às vezes frustrantes) competições pelo beliche superior, transformam o simples termo **'bunk bed'** em um símbolo de infância e camaradagem. Agora, vamos mergulhar em algumas frases de exemplo, para que você possa falar sobre beliches em inglês com a mesma nostalgia e alegria!

I always wanted to sleep on the top bunk bed. / Eu sempre quis dormir no beliche de cima.

We used to argue about who would get the top bunk bed. / Costumávamos discutir sobre quem ficaria com o beliche de cima.

The bunk beds were uncomfortable, but we had a lot of fun. / Os beliches não eram confortáveis, mas nos divertíamos muito.

The siblings would often chat late into the night in their bunk beds. / Os irmãos costumavam conversar até tarde da noite em seus beliches.

The bunk bed collapsed under the weight of the two boys jumping on it. / O beliche desabou sob o peso dos dois meninos pulando nele.

The bunk bed mattress was so hard that I couldn't sleep all night. / O colchão da beliche era tão duro que não consegui dormir a noite inteira.

ANDAR DESCALÇO
Como dizer "andar descalço" em inglês

Você já se pegou **andando descalço** pela casa e teve que explicar isso em inglês? Vamos aprender como dizer **"andar descalço"** da maneira correta. A expressão em inglês é **"to walk barefoot"**. Então, se você quiser dizer que está andando descalço, basta dizer **"I'm walking barefoot."** Veja mais frases para praticar:

I love walking barefoot on the beach. / Eu adoro andar descalço na praia.

She prefers to walk barefoot around the house. / Ela prefere andar descalça pela casa.

They were walking barefoot in the park when it started to rain. / Eles estavam andando descalços no parque quando começou a chover.

We used to walk barefoot in the garden as kids. / Nós costumávamos andar descalços no jardim quando éramos crianças.

My mom asked me to take off my flip-flops and go barefoot inside the house because she was cleaning. / Minha mãe me pediu para tirar minhas sandálias e entrar descalço(a) em casa porque ela estava limpando.

A FACA ESTÁ CEGA
Como dizer "a faca está cega" em inglês

Se você se deparar com uma faca que perdeu o fio e não consegue cortar nem manteiga, você certamente dirá que ela **"está cega"** em português. No entanto, na língua de Shakespeare, a expressão correta é um pouco diferente. Evite dizer **"my knife is blind",** pois, apesar de divertido, isso sugeriria que sua faca tem olhos e problemas de visão, o que definitivamente é um conceito estranho e hilário!

Para expressar que sua faca precisa de afiação em inglês, use **"My knife is blunt"** ou **"My knife is dull".** Essas expressões são as formas corretas de comunicar que a lâmina perdeu sua eficácia. Dizer **"blunt"** ou **"dull"** em relação a uma faca transmite exatamente a ideia de que ela não está mais cortante, sem arriscar qualquer confusão com questões oculares.

Então, para evitar olhares confusos ou sugestões inesperadas de visitas ao oftalmologista para seus utensílios de cozinha, lembre-se das palavras certas. E agora, vamos a algumas frases para que você possa se sentir seguro em descrever seus dilemas culinários em inglês, sem perder o corte nem o humor:

The knife is so blunt, it can't even cut a tomato. A faca está tão cega que nem consegue cortar um tomate.

Be careful with that knife, it's really dull. / Cuidado com essa faca, ela está muito cega.

I need to sharpen this knife; it's too blunt to use. / Preciso afiar (amolar) essa faca; está muito cega para usar.

She tried to slice the bread, but the knife was too blunt. Ela tentou fatiar o pão, mas a faca estava muito cega.

He ended up using a different knife because the one he had was too dull. / Ele acabou usando uma faca diferente porque a que ele tinha estava cega demais.

Joel sharpened his knives before starting the cooking. / O Joel amolou suas facas antes de começar a cozinhar.

She used a knife sharpener to bring back the edge to the blade. / Ela usou um afiador de facas para devolver a afiação à lâmina.

The knife was so blunt that it wouldn't even cut through paper. A faca estava tão cega que nem cortava papel.

NOVINHO EM FOLHA
Como dizer "novinho em folha" em inglês

Quer expressar aquele brilho de novidade que até cega os olhos? Em inglês, temos as expressões perfeitas para isso: **"brand new"** e "spanking new". Essas frases capturam a essência de algo tão fresco e imaculado que parece ter pulado direto da fábrica para suas mãos.

Seja um celular que nunca tocou, um carro cujos pneus mal tocaram o asfalto, ou uma camiseta tão nova que ainda tem o cheiro da loja, você pode descrevê-los como **"brand new"** ou "spanking new". Estas são as expressões ideais para coisas que não têm nem sinal de uso, prontas para estrear na sua vida.

Portanto, da próxima vez que você estiver exibindo aquela aquisição recém-desempacotada e alguém perguntar sobre ela, já sabe como responder em inglês para impressionar com seu vocabulário e seu item **novinho em folha**!

Agora, vamos ver algumas frases em que essas expressões brilham tanto quanto seu novo tesouro:

I bought a brand new car yesterday. / Eu comprei um carro novinho em folha ontem.

The store just received a shipment of spanking new laptops. / A loja acabou de receber um lote de laptops novinhos em folha.

She moved into a brand new apartment downtown. / Ela se mudou para um apartamento novinho em folha no centro da cidade.

He got a brand new bike for his birthday. /Ele ganhou uma bicicleta novinha em folha de aniversário.

The museum just opened a brand new exhibit featuring local artists. / O museu acabou de inaugurar uma exposição novinha em folha com artistas locais.

After the renovation, the house looks brand new. Depois da reforma, a casa ficou novinha em folha.

PONTO DE INTERROGAÇÃO
Como dizer "ponto de interrogação" em inglês

Você sabia que o modesto **"ponto de interrogação"** tem um nome tão direto em inglês quanto sua função? Sim, é chamado de "question mark". Pode parecer tentador se aventurar em traduções literais e chamar de **"Interrogation point"**, mas isso poderia evocar uma cena digna de um drama policial, com um suspeito sendo pressionado por respostas sob luzes ofuscantes em um tribunal.

Lembro-me de uma aula de inglês, onde um aluno, com toda a confiança do mundo, proclamou que **"ponto de interrogação"** se dizia **"Interrogation point"**. A minha imagem mental foi imediatamente de um interrogatório intenso, não de uma simples curva e ponto que conhecemos bem. Foi um momento hilário e esclarecedor, destacando como às vezes as traduções literais podem nos levar a interpretações extravagantes.

Portanto, da próxima vez que precisar referir-se a esse símbolo curioso, vá pelo caminho seguro e diga **"question mark"**. Esse termo simples não só é o correto, como também evita qualquer confusão com cenas de interrogatório imaginárias. Vamos agora mergulhar em algumas frases onde o **"question mark"** é o protagonista, garantindo que você nunca mais vai confundi-lo com um cenário de detetive.

Can you please add a question mark at the end of this sentence? / Você poderia, por favor, adicionar um ponto de interrogação no final dessa frase?

I don't understand why there's a question mark here. / Eu não entendo por que há um ponto de interrogação aqui.

She asked me a question, and I replied with a question mark. / Ela me fez uma pergunta, e eu respondi com um ponto de interrogação.

The sentence ends with a question mark to indicate it's a question. /A frase termina com um ponto de interrogação para indicar que é uma pergunta.

He wrote a note on the paper with a question mark. / Ele escreveu uma nota no papel com um ponto de interrogação.

SÓ PARA GARANTIR

Como dizer "só para garantir" em inglês

Você já teve aquela sensação de querer cobrir todas as bases, mesmo quando parece um pouco excessivo? Em português, dizemos **"só para** garantir". Em inglês, capturamos essa cautela extra com a expressão **"to be on the safe side"**.

Usamos **"to be on the safe side"** quando tomamos medidas adicionais para prevenir qualquer contratempo, agindo com um cuidado extra, mesmo que pareça não ser estritamente necessário. Imagine que você está indo para um evento e, embora o céu esteja limpo, você pega um guarda-chuva. Você está fazendo isso **"to be on the safe side"**, garantindo que uma chuva inesperada não vai estragar seu dia.

Portanto, da próxima vez que você tomar uma decisão cautelar, pense em **"to be on the safe side"**. Essa expressão será sua aliada para comunicar uma prudência prudente em inglês. Vamos praticar com algumas frases para assegurar que você pode usar essa expressão com confiança:

I brought an extra pen to the exam, just to be on the safe side. / Levei uma caneta extra para a prova, só para garantir.

She always packs a snack when going on a long trip, just to be on the safe side. Ela sempre leva um lanche em viagens longas, só para garantir.

He double-checked the address before leaving, just to be on the safe side. Ele verificou o endereço novamente antes de sair, só para garantir.

We arrived at the airport early, just to be on the safe side and avoid missing our flight. / Chegamos cedo ao aeroporto, só para garantir e evitar perder nosso voo.

She always carries an umbrella, just to be on the safe side in case it rains. / Ela sempre leva um guarda-chuva, só para garantir caso chova.

PONTEIRO DE RELÓGIO
Como dizer "pointeiro" em inglês

Para dizer **"ponteiro de relógio"** em inglês, usamos a palavra **"hand"**. Isso mesmo, a mesma palavra que significa **"mão"**. Então, quando você quer se referir especificamente ao ponteiro que indica os minutos, é o **"minute hand"**, e para o que aponta as horas, usamos **"hour hand"**. Parece curioso que um instrumento de medida do tempo compartilhe o mesmo nome com uma parte do corpo, mas é assim que a língua inglesa funciona!

Por exemplo, se você está ensinando alguém a ler as horas em um relógio tradicional, você dirá: **"Look at the hour hand and then the minute hand to tell the time."** (Observe o ponteiro das horas e, em seguida, o ponteiro dos minutos para saber as horas.)

Entender esses termos não só ajuda na leitura do tempo, mas também enriquece seu vocabulário em inglês. Pronto para praticar mais com essas expressões e garantir que você sempre saiba as horas, em qualquer idioma?

I looked at the clock and saw that the minute hand was almost at 12.
/ Olhei para o relógio e vi que o ponteiro de minutos estava quase no 12.

The hour hand pointed to 3 o'clock when we left. / O ponteiro de horas apontava para as 3 quando saímos.

You can adjust the clock by moving the hands carefully. / Você pode ajustar o relógio movendo os ponteiros com cuidado.

The second hand is always moving, tick-tock. / O ponteiro de segundos está sempre em movimento, tic-tac.

PUXAR CONVERSA
Como dizer "puxar conversa, assunto" em inglês

Puxar assunto, algo que todos nós fazemos quando queremos conhecer alguém novo ou simplesmente compartilhar um momento.

Em inglês, puxar assunto é **"to strike up a conversation"**. Essa expressão captura perfeitamente a ação de começar a falar com alguém, quase como se estivesse acendendo uma fogueira, dando início a uma chama de diálogo.

Imagine que você está em um café, evento social ou até mesmo em um parque. Ao ver alguém interessante ou que parece aberto a um bate-papo, você pode **"strike up a conversation"** falando sobre algo relevante ao momento, como o ambiente, uma obra de arte local, ou até algo tão simples quanto o clima. Essa é uma arte sutil, mas poderosa, de conectar-se com as pessoas e tecer a teia de relacionamentos sociais.

Dominar a arte de **"strike up a conversation"** é uma ferramenta valiosa, que não só pode ajudar a aliviar o tédio ou a solidão, mas também abrir caminhos para novas amizades, oportunidades profissionais e experiências enriquecedoras. Então, na próxima vez que se encontrar em um ambiente onde a interação é possível, lembre-se de que um simples **"Hi, interesting event, isn't it?"** pode ser o início de uma conversa memorável.

Vamos ver algumas frases práticas para que você se sinta confiante em "puxar conversa" em qualquer cenário, usando o inglês como ponte para novas conexões?

He's very good at striking up conversations at parties. / Ele é muito bom em puxar conversa em festas.

I decided to strike up a conversation with my new coworker. / Decidi puxar conversa com meu colega de trabalho novo.

She always finds a way to strike up a conversation with strangers. / Ela sempre encontra um jeito de puxar conversa com estranhos.

It's not easy to strike up a conversation with him. / Não é fácil puxar conversa com ele.

Let's strike up a conversation with that group over there. / Vamos puxar conversa com aquele grupo ali.

He struck up a conversation with a beautiful girl at the club. Ele puxou conversa com uma linda garota na balada.

ELE PUXA AO PAI

Como dizer "ele puxa ao pai" em inglês

Dizer que alguém **"puxa ao pai ou a mãe"** em inglês tem uma expressão específica: **"take after someone"**. Esse termo é usado para indicar que uma pessoa possui semelhanças, seja na aparência, personalidade ou até mesmo em certos comportamentos, com seus pais ou outros familiares próximos.

Se um filho herda a risada contagiante de seu pai, a maneira de falar, ou até mesmo aquele jeitinho peculiar de franzir a testa ao pensar, você diria que ele **"takes after his father"**. É uma forma de reconhecer e apontar as características familiares que passam de geração em geração.

Por exemplo, se você está impressionado com a maneira como um jovem espelha o carisma e o talento musical de seu pai, você pode comentar, **"He really takes after his father in his musical talent."** Isso mostra que as qualidades do pai são visivelmente refletidas no filho.

Entender e usar **"take after"** em inglês permite que você comente sobre as semelhanças familiares de forma clara e precisa. Agora, vamos praticar essa expressão com algumas frases para garantir que você possa expressar essas observações familiares em suas conversas em inglês:

My son takes after his father in the way he walks and talks. / Meu filho puxa ao pai na forma como ele anda e fala.

She takes after her mother in her love for cooking. / Ela puxa à mãe no amor pela culinária.

He takes after his grandfather in his passion for gardening. / Ele puxa ao avô em sua paixão por jardinagem.

Sarah takes after her parents in their generosity and kindness.

/ Sarah puxa aos pais em sua generosidade e bondade.

The puppy takes after its mother in its playful nature. / O filhote puxa à mãe em sua natureza brincalhona.

PULAR A CERCA
Como dizer "pular a cerca" em inglês

A expressão **"pular a cerca"** se traduz em inglês para **"to cheat on someone"** ou **"to have an affair"**, dependendo do contexto, especialmente quando se trata de infidelidade em um relacionamento. A frase **"to fool around"** também pode ser usada, embora possa ter um tom um pouco mais leve ou casual.

Se você quer falar sobre alguém que traiu seu parceiro de forma mais direta e séria, você diria **"to cheat on someone"**. Por exemplo, **"He cheated on his wife with someone from work"** reflete a seriedade da situação.

No entanto, **"to fool around"** pode ser usado para indicar uma situação um pouco menos séria ou formal, mas ainda dentro do contexto de infidelidade ou relacionamentos casuais. Como no exemplo que você deu, **"When she found out he was fooling around with his coworker, she decided to break up"** (Quando descobriu que ele estava pulando a cerca com seu colega de trabalho ela decidiu terminar" a expressão **"fooling around"** sugere um comportamento inadequado que levou ao fim do relacionamento.

Portanto, dependendo do nível de gravidade ou formalidade que você deseja transmitir, você pode escolher entre **"to cheat on someone"**, **"to have an affair"**, ou **"to fool around"** para expressar a ideia de **"pular a cerca"** em inglês. Vamos praticar com algumas frases para entender melhor essas nuances:

She found out her husband was fooling around with a coworker. / Ela descobriu que seu marido estava pulando a cerca com uma colega de trabalho.

Their marriage ended when he was caught fooling around. / O casamento deles acabou quando ele foi pego pulando a cerca.

Fooling around is a betrayal of trust and can have serious consequences in a relationship. / Pular a cerca é uma traição à confiança e pode ter sérias consequências em um relacionamento.

QUE BOM QUE.../ AINDA BEM QUE

Como dizer "que bom que... / ainda bem que..." em inglês

Expressar alívio ou gratidão por algo que aconteceu positivamente, especialmente quando a situação poderia ter sido desastrosa, é comum em qualquer língua. Em inglês, para transmitir o sentimento por trás de **"que bom que..." ou "ainda bem que..."**, podemos usar **"it's a good thing"** ou **"thank goodness"**.

Por exemplo, se você quase perdeu o ônibus para uma reunião importante, mas conseguiu entrar nele no último segundo, em inglês você diria: **"It's a good thing I caught the bus!"** Essa expressão reflete o alívio e a satisfação de que a situação acabou bem.

Ou imagine que você esqueceu algo em casa, o que normalmente seria um incômodo, mas esse lapso acaba te poupando de um problema maior. Nesse caso, você poderia expressar seu alívio dizendo: **"Thank goodness I forgot my keys!"** Isso mostra que, embora o esquecimento seja normalmente visto como algo negativo, neste contexto, acabou sendo vantajoso.

Então, sempre que quiser expressar aquele sentimento de alívio e gratidão em inglês, lembre-se de usar **"it's a good thing"** ou **"thank goodness"**. Essas frases vão ajudá-lo a comunicar seus sentimentos de maneira clara e natural. Vamos praticar com mais alguns exemplos para assegurar que você possa usar essas expressões de forma eficaz?

It's a good thing I brought an umbrella. It's starting to rain. / Que bom que eu trouxe um guarda-chuva. Está começando a chover.

It's a good thing we left early. There's a lot of traffic now. / Ainda bem que saímos cedo. Agora há muito tráfego.

It's a good thing you remembered to lock the door. /Ainda bem que você lembrou de trancar a porta.

It's a good thing they called ahead. The restaurant is fully booked. / Que bom que eles ligaram antes. O restaurante está completamente reservado.

ENGARRAFAMENTO
Como dizer "engarrafamento" em inglês

Você já se deparou com aquela situação em que está atrasado para um compromisso importante e, ao sair de casa, encontra um engarrafamento enorme? Em inglês, chamamos esse congestionamento de **"traffic jam"**. A expressão **"traffic"** significa tráfego, e **"jam"** é uma palavra informal que usamos para descrever algo congestionado ou obstruído. Por exemplo, você poderia dizer: **"I'm going to be late for work; there's a traffic jam on the highway."** (Vou me atrasar para o trabalho; há um engarrafamento na estrada.). Veja outras frases abaixo:

We're stuck in a terrible traffic jam; we're going to be late for the meeting. / Estamos presos em um engarrafamento terrível, vamos nos atrasar para a reunião.

The traffic jam in the city was so bad that many people had to leave their cars and walk. / O engarrafamento na cidade era tão ruim que muitas pessoas tiveram que abandonar seus carros e seguir a pé.

Yesterday, I was stuck in a traffic jam for over an hour due to an accident on the highway. / Ontem, fiquei preso em um engarrafamento por mais de uma hora devido a um acidente na rodovia.

ENGAVETAMENTO
Como dizer "engavetamento" em inglês

Imagine estar dirigindo em uma estrada movimentada, o trânsito fluindo normalmente, quando de repente, à sua frente, você vê uma colisão em cadeia se formando. Carros batendo uns nos outros, pneus chiando, fumaça subindo no ar. Você está no meio de um engavetamento. Essa cena caótica e assustadora é chamada de 'pile-up' em inglês. Esses acidentes, que envolvem vários veículos, são uma situação comum em estradas congestionadas **"jammed roads"**. Agora, imagine ter que descrever essa cena em inglês. Você diria: **'There was a huge pile-up on the highway this morning'** "Houve um grande engavetamento na rodovia esta manhã". É importante estar preparado para qualquer situação quando se está na estrada, e isso inclui saber como descrever um engavetamento em inglês. Espero que você nunca precise usar essa expressão, mas é sempre bom estar pronto para qualquer eventualidade!" exemplos em frases:

The heavy rain caused a pile-up on the freeway. / A chuva forte causou um engavetamento na estrada.

There was a pile-up involving ten cars on the highway last night. / Houve um engavetamento envolvendo dez carros na rodovia ontem à noite.

Due to the pile-up, the traffic was backed up for miles. / Devido ao engavetamento, o tráfego ficou parado por milhas.

BATIDA DE CARRO
Como dizer "batida / colisão" em inglês

Você está dirigindo sem muita pressa pela cidade quando, do nada, escuta o som de metal se chocando. Você olha pelo retrovisor **"rearview"** e vê que houve uma batidinha de carro. Mas não é só isso - há uma diferença entre uma batida comum e um simples **"fender-bender"**, que é tipo um arranhão, uma colisão mais leve que geralmente acontece em baixas velocidades, como as que ocorrem em estacionamentos. Nesse cenário, você nota que o causador do **"fender-bender"** é o famoso barbeiro **"Sunday driver"**, o motorista que não tem experiência em dirigir. É importante saber essa diferença, pois enquanto um **"car crash"** pode resultar em grandes problemas, um **"fender-bender"** é algo mais simples de resolver. Fique atento nas ruas e sempre dirija com cuidado para evitar esses tipos de acidentes!"

ESTOU PRESO NO TRÂNSITO
Como dizer "estou preso no trânsito" em inglês

Se você já viveu aquele momento em que tudo na estrada parece congelar, deixando você sem saída, então você sabe o que significa estar **"preso no trânsito"**. Em inglês, a maneira correta de expressar isso é **"I'm stuck in traffic"**. Essa expressão captura perfeitamente a frustração de não poder se mover, apesar de estar dentro de um veículo.

Não se deixe enganar pensando que **"to be imprisoned"** é a frase certa para essa situação, a menos que seu carro tenha se transformado em uma cela de prisão! **"To be stuck in traffic"** é o termo que você precisa quando o movimento dos veículos simplesmente para e você fica aguardando o fluxo retornar.

Então, quando você estiver a caminho de algum lugar e o trânsito parar, lembre-se de que **"I'm stuck in traffic"** é a forma de dizer que você está preso em um mar de carros, esperando pacientemente (ou não) para que o trânsito se desfaça.

Vamos praticar com algumas frases para que, se você se encontrar nessa situação, possa descrevê-la em inglês com precisão e talvez um pouco de bom humor para aliviar o estresse:

I hate being stuck in traffic! / Eu odeio ficar preso no trânsito!

I was late for work because I got stuck in traffic this morning. / Eu me atrasei para o trabalho porque fiquei preso no trânsito esta manhã.

There was a big accident on the highway, and now we're stuck in traffic. / Houve um grande acidente na rodovia e agora estamos presos no trânsito.

NÃO FAÇO IDEIA

Como dizer "não faço ideia" em inglês

Vamos ver uma Ilustração: você está com seus amigos tentando resolver um **quebra-cabeça** complicado, e alguém pergunta qual é a próxima peça a ser encaixada. Você olha para o quebra-cabeça e, sem ter a menor ideia, diz: **"I have no idea"** (Não faço ideia).

Seus amigos insistem, querendo que você dê uma resposta, e você responde brincando: **"You've got me there"** (Agora vocês me pegaram!). Eles continuam pressionando, e você, sem outra alternativa, responde com um simples **"Search me"** (Sei lá! / E eu é que sei!).

A situação fica ainda mais legal quando você tenta inventar uma resposta, mas logo percebe que está errado. Nesse momento, você pode dizer: **"I don't have the foggiest idea"** (Eu não faço a mínima ideia) ou **"I don't have the faintest idea"** (Eu não faço a menor ideia).

Por fim, seus amigos desistem e você conclui com um descontraído **"Dunno!"** (Sei lá! / E eu é que sei!). Afinal, às vezes é melhor admitir que não sabemos a resposta do que inventar algo que não faz sentido.

A PROPÓSITO

Como dizer "a propósito" em inglês

"A propósito" é uma frase útil para adicionar informações extras ou mudar de assunto suavemente em uma conversa. Em inglês, a expressão equivalente é **"by the way"**. Essa frase é perfeita para quando você quer inserir um detalhe que surgiu em sua mente ou fazer uma transição em sua narrativa sem interromper o fluxo da conversa.

Imagina que você está compartilhando com os amigos suas aventuras de férias e, de repente, lembra-se de um fato interessante ou uma experiência que não pode deixar de fora. Nesse momento, você pode facilmente dizer **"By the way"** para tecer esse novo elemento na história.

Por exemplo, você pode estar narrando sobre seu passeio pela cidade e quer destacar um encontro casual com um velho amigo, então você diz: **"By the way, I ran into an old friend while exploring the downtown area."** (A propósito, encontrei um velho amigo enquanto explorava o centro da cidade.)

Usar **"by the way"** em inglês é uma maneira informal e eficaz de adicionar comentários ou fatos sem parecer abrupto, mantendo a naturalidade na conversa. Agora, vamos praticar essa expressão com mais algumas frases para que você possa usá-la com confiança em suas próprias histórias e diálogos:

By the way, did you remember to buy milk at the store? /A propósito, você lembrou de comprar leite na loja?

I was talking to Sarah the other day, and by the way, she's coming to visit next month. / Eu estava conversando com a Sarah outro dia, e a propósito, ela vai visitar no mês que vem.

By the way, have you seen my keys anywhere? / A propósito, você viu minhas chaves em algum lugar?

We're going to the beach this weekend, and by the way, you're welcome to join us if you'd like. / Nós vamos para a praia neste fim de semana, e a propósito, você pode se juntar a nós se quiser.

I heard the new cafe in town is really good. By the way, do you want to check it out with me? / Eu ouvi dizer que o novo café na cidade é muito bom. A propósito, você quer conferir comigo?

By the way, I forgot to tell you about the party on Friday. / A propósito, eu esqueci de te falar sobre a festa na sexta-feira.

PELO AMOR DE DEUS
Como dizer "pelo amor de Deus" em inglês

"Pelo amor de Deus" é uma expressão comum em português para enfatizar surpresa, indignação ou irritação. Em inglês, existem várias formas equivalentes de expressar esse sentimento.

- **"For Christ's sake"** e **"For God's sake"** são expressões mais fortes e podem ser usadas em situações mais intensas.

- **"For Pete's sake"** é uma variação mais suave e casual, geralmente usada em situações informais.

- **"For crying out loud"** é outra expressão casual que pode ser usada para expressar irritação ou frustração.

"For Christ's sake" e "For God's sake"

For Christ's sake, can't you see I'm busy? / Pelo amor de Deus, você não vê que estou ocupado?

For Christ's sake, stop making so much noise! / Pelo amor de Deus, pare de fazer tanto barulho!

For Christ's sake, why can't things ever go smoothly? / Pelo amor de Deus, por que as coisas nunca podem correr tranquilamente?

For Christ's sake, this is ridiculous! / Pelo amor de Deus, isso é ridículo!

For God's sake, shut up! / Pelo amor de Deus, cale-se!

For God's sake, why did you do that? / Pelo amor de Deus, por que você fez isso?

For God's sake, hurry up! - Pelo amor de Deus, se apresse!

For God's sake, pay attention! / Pelo amor de Deus, preste atenção!

de novo!

For Pete's sake

For Pete's sake, stop bothering me! / Pelo amor de Deus, pare de me incomodar!

For Pete's sake, why are you always late? / Pelo amor de Deus, por que você está sempre atrasado?

For Pete's sake, don't make that mistake again! / Pelo amor de Deus, não cometa esse erro novamente!

For Pete's sake, pay attention to what I'm saying! / Pelo amor de Deus, preste atenção ao que estou dizendo!

"For crying out loud"

For crying out loud, why did you do that? - Poxa, por que você fez isso?

For crying out loud, where did I put my keys? - Poxa, onde eu coloquei minhas chaves?

For crying out loud, stop talking and listen! / Pelo amor de Deus, pare de falar e escute!

For crying out loud, this is the third time you've called today! / Meu Deus, esta é a terceira vez que você ligou hoje!

DAR EM CIMA DE
Como dizer "dar em cima de alguém" em inglês

Quando queremos expressar a ideia de alguém tentando iniciar um romance ou demonstrando interesse romântico em outra pessoa, usamos a expressão **"make a move on"**. Essa expressão pode ser usada em diferentes contextos, desde uma abordagem mais sutil até uma investida mais direta. Por exemplo:

"Every time we go out, he tries to make a move on her, but she's not interested." Toda vez que saímos, ele tenta dar em cima dela, mas ela não está interessada.

"She's always making a move on him, but he's too shy to do anything about it." Ela sempre está dando em cima dele, mas ele é muito tímido para fazer algo a respeito.

"It's clear that he's making a move on her, buying her flowers and taking her out to dinner." Está claro que ele está dando em cima dela, comprando flores e levando-a para jantar.

"I think she's going to make a move on him tonight at the party." / Acho que ela vai dar em cima dele hoje à noite na festa.

Nesses exemplos, **"make a move on"** é usado para descrever a ação de tentar iniciar um romance ou demonstrar interesse romântico em alguém. É importante lembrar que o contexto e a forma como essa expressão é utilizada podem variar dependendo da situação e da cultura.

BOM DE CAMA
Como dizer "bom de cama" em inglês

Quando falamos sobre alguém sendo "bom de cama" em inglês, usamos algumas gírias que têm significados específicos:

1. **"Good lay"**: Nesse contexto, **"lay"** é uma gíria para "sexo". Então, "good lay" refere-se a alguém que é habilidoso ou satisfatório no sexo.

2. **"Stud"**: Essa gíria é usada para descrever um homem que é considerado atraente e talentoso sexualmente. É como chamar alguém de um "garanhão" que é bom na cama.

3. **"Well-hung"**: Essa expressão é mais literal e significa que a pessoa é bem-dotada.

É importante notar que essas expressões são informais e podem ser consideradas vulgares ou ofensivas em alguns contextos. É sempre bom usá-las com cautela e considerar o contexto e a audiência antes de empregá-las.

He's considered a good lay by many. / Ele é considerado bom de cama por muitas.

She's always attracted to studs like him. / Ela sempre se sente atraída por garanhões como ele

I wonder if he's well-hung. / Eu me pergunto se ele é bem-dotado.

Being a good lay is not just about physical attributes. / Ser bom na cama não se resume apenas às características físicas.

He's not just a stud; he's also a kind-hearted person. / Ele não é apenas um garanhão; ele também é uma pessoa bondosa.

He may be well-hung, but he also needs to be a good lay. / Ele pode ser bem-dotado, mas também precisa ser bom na cama

DICAS DE EXPRESSÕES EM INGLÊS PARA SE REFERIR A IR AO BANHEIRO

Como dizer "dar uma cagada, cagar" em inglês

No Trono da Verdade: O Império dos Sinônimos

Você já parou para pensar como é divertido como as palavras podem variar de país para país? **Hoje**, vamos embarcar em uma viagem linguística para descobrir como nossos amigos de língua inglesa falam sobre um tema... bem, digamos, universal. Vamos falar sobre **"dar uma cagada"**, **"cagar"**, **"defecar"** ou, como diriam nossos amigos gringos, **"Crap"**, **"take a crap"**, **"take a dump"** e **"take a shit"**.

Crap: Você está no meio de um um bom papo, e de repente, precisa interromper tudo e sair de fininho para o banheiro. Você poderia apenas falar, **"I need to go to the bathroom,"** mas se quiser ser mais informal, pode dizer, **"I need to take a crap."** É uma maneira mais coloquial e direta de expressar essa necessidade básicae que todo mundo faz.

Take a crap: Aqui, **"take"** é usado no sentido de **"ter"** ou **"fazer"**. Então, **"take a crap"** é basicamente "ter uma cagada" ou **"dar uma cagada"**. É uma forma muito coloquial e direta de dizer que você precisa ir ao banheiro para se aliviar.

Take a dump: Essa é outra maneira de dizer a mesma coisa, mas com um pouco mais de intensidade. **"Dump"** é uma palavra mais forte que **"crap"**, então **"take a dump"** pode transmitir a ideia de uma necessidade mais urgente ou de uma quantidade maior de... bem, você entendeu.

Take a shit: Esta é provavelmente a expressão mais forte e vulgar das quatro. **"Shit"** é uma palavra bem direta para fezes, então **"take a shit"** é como dizer **"dar uma cagada"** de forma bastante explícita e coloquial.

Então, da próxima vez que você estiver conversando com um falante nativo de inglês e precisar se referir a essa atividade tão natural, lembre-se dessas expressões. E se precisar de uma desculpa para sair de uma situação desconfortável, basta dizer, **"I need to go to the bathroom,"** e sair correndo! Vamos de frases para você praticar:

I accidentally crapped my pants during the movie. / Sem querer acabei cagando nas calças durante o filme.

I haven't taken a crap in three days. / Faz três dias que não dou uma cagada.)

It's been three days without me taking a crap. / Já faz três dias que não dou uma cagada.

I need to find a restroom; I have to take a dump. / Preciso encontrar um banheiro; cagar.

He always takes a dump right after breakfast. / Ele sempre dar uma cagada logo após o café da manhã.

She took a dump before the long drive. / Ela fez cocô antes da longa viagem.

Sorry, I can't talk right now, I need to take a dump. / Desculpe, não posso falar agora, preciso dar uma cagada.

After eating that spicy food, I had to take a dump immediately. / Depois de comer aquela comida apimentada, tive que dar uma cagada.

I can't believe it! Someone took a shit on the bathroom floor! / Não acredito! Alguém deu uma cagada no chão do banheiro.

Sorry, I'll be late, I need to take a shit before leaving. / Desculpe, vou me atrasar, preciso dar uma cagada antes de sair.

Don't go in there, someone just took a shit and it smells awful. / Não entre lá, alguém acabou de dar uma cagada e o cheiro está horrível.

The dog looked guilty because he took a shit on the carpet. / O cachorro parecia culpado porque deu uma cagada no tapete.

DAR UM PULINHO

Como dizer "dar um pulinho, passar, dar uma passada" em inglês

Se você já sentiu uma vontade do nada de fazer uma visitinha rápida a alguém, é útil saber como expressar isso em inglês de forma casual e amigável. As expressões **"drop around"** e **"drop by"** são perfeitas para essas ocasiões. Elas transmitem a ideia de visitas informais e espontâneas, sem a necessidade de um convite formal ou um planejamento prévio.

Esqueça **"to give a jump"**, a não ser que você esteja literalmente planejando pular em um trampolim! Em vez disso, quando quiser indicar que você vai fazer uma visita rápida, use **"drop by"** ou **"drop around"**. Essas frases são ideais para quando você está nas proximidades e decide do nada visitar alguém.

Por exemplo, se você está na área e pensa em ver um amigo por alguns minutos, pode expressar essa intenção dizendo: **"I'm just going to drop by Tom's house to say hi"** (Vou dar um pulinho na casa do

Tom para dar um oi).

Usar **"drop by"** ou **"drop around"** em suas conversas não só tornará seu inglês mais natural, mas também refletirá um estilo de vida amigável e espontâneo. Pronto para praticar essas expressões com mais alguns exemplos e incorporá-las ao seu vocabulário cotidiano?

I'll drop by your place tomorrow to pick up the book. / Vou dar um pulino na sua casa amanhã para pegar o livro.

Can you drop around later for a cup of tea? / Você pode dar um pulo aqui mais tarde para tomar um chá?

We should drop around the new restaurant in town this weekend. / Deveríamos dar uma passada no novo restaurante da cidade neste fim de semana.

She often drops round her friend's after work. / Ela frequentemente passa na casa da amiga depois do trabalho.

I'll drop around the office to collect the documents. / Vou dar um pulo no escritório para pegar os documentos.

They dropped by our house unexpectedly last night. / Eles passaram na nossa casa sem avisar ontem à noite.

Can you drop by the supermarket on your way home? / Você pode dar um pulo no supermercado a caminho de casa?

Veja também: Fazer uma visita, visitar p. 45

A LETRA DESSA MÚSICA É LINDA

Como dizer "A letra dessa música é linda" em inglês

Você já se deparou com a beleza das palavras em uma canção e quis expressar isso em inglês? Certamente, a frase correta para isso é **"The**

lyrics of this song are beautiful" (A letra dessa música é linda). No entanto, é comum ouvir alguns brasileiros dizerem incorretamente **"The letter of this song is beautiful"**, confundindo **"letter"** com **"lyrics"**. Essa confusão acontece porque, em português, **"letra"** refere-se tanto às letras do alfabeto quanto à letra de uma música. Mas em inglês, **"letter"** significa uma carta ou uma letra do alfabeto, enquanto **"lyrics"** se refere às palavras de uma música.

Portanto, ao apreciar a poesia e a mensagem contidas em uma música, lembre-se de que **"lyrics"** é a palavra certa para se referir à letra da canção. Dizer **"The lyrics of this song are beautiful"** expressa corretamente sua admiração pela riqueza poética e o significado da música. Essa distinção é importante para assegurar que sua apreciação pela música seja entendida corretamente em inglês, evitando mal-entendidos.

Lembre-se: **"The letter of this song is beautiful"** pode deixar os falantes nativos de inglês confusos, pensando que você está falando sobre uma carta ou um símbolo alfabético bonito, em vez da letra da música. Portanto, para elogiar a letra de uma música, o correto é dizer **"The lyrics of this song are beautiful"**.

Pratiquemos agora com algumas frases que ajudarão a solidificar o uso correto dessa expressão, garantindo que você possa compartilhar sua admiração pela letra das músicas com precisão em inglês:

The lyrics of this song are very meaningful. /A letra dessa música e muito profunda.

She wrote the lyrics for that song. / Ela escreveu a letra dessa música.

The music in this song is so catchy! / A música dessa música é tão envolvente!

I love the song, but I don't know all the lyrics. / Eu amo a música, mas não conheço toda a letra.

Can you play the song without the lyrics? / Você consegue tocar a música sem a letra?

The lyrics of this song always make me feel dwon. / A letra dessa música sempre me faz sentir triste.

I'm trying to memorize the lyrics of this song. / Estou tentando decorar a letra dessa música.

The music of this song is perfect for dancing. / A música dessa música é perfeita para dançar.

Veja também: A letra dele é bonita p. 64

Atenção "Lyrics" é sempre usado no plural, pois se refere às palavras de uma música, que são geralmente várias. Mesmo que uma música tenha apenas uma estrofe ou um refrão, a palavra "lyrics" é usada no plural para se referir a essas palavras. É uma convenção da língua inglesa tratá-la dessa forma.

CAIA NA REAL, NÃO SE ILUDA, SE LIGAR
Como dizer "caia na real, não se iluda, se ligar" em inglês

Quando alguém está perdido em devaneios ou recusando-se a aceitar a realidade, frequentemente usamos expressões coloquiais para trazê-lo de volta à terra. Estas são algumas das expressões que capturam essa necessidade de confrontar a realidade, cada uma com sua própria cor local e história:

- **Wake up and smell the coffee**: Essa é uma frase bem americana, que basicamente dá um toque amigável no ombro e diz: "Olha, a vida está acontecendo, perceba isso!" Imagina o aroma do café pela manhã como um despertador natural, essa expressão é usada para encorajar alguém a se dar conta da situação atual.

- **Face the music**: Originária do Reino Unido, esta expressão evoca a ideia de enfrentar as consequências de suas ações, tal como um músico que precisa se apresentar perante a orquestra, independentemente de se sentir preparado ou não. É como dizer: "É hora de lidar com as consequências, quer você goste, quer não."

- **Get with the program**: Tipicamente americana, essa expressão soa como se alguém estivesse dizendo: "Vamos lá, atualize-se, as coisas estão mudando!" É um convite para se alinhar com o que está acontecendo ao redor, adaptando-se às novas normas ou situações.

- **Get a grip**: Também dos EUA, **"get a grip"** é quase como segurar alguém pelos ombros e sacudi-lo gentilmente, pedindo para ele se controlar e encarar a realidade de forma mais racional.

- **Snap out of it**: Usada para sacudir alguém de um estado de distração ou fantasia, essa expressão americana é como um estalo de dedos que traz a pessoa de volta ao momento presente.

- **Get real**: Direta e ao ponto, essa é a versão em palavras do que seria dar um leve tapa na testa, um lembrete para parar de fantasiar e aceitar o que é verdadeiro e factual.

Cada uma dessas frases tem um sabor único, dependendo de sua origem cultural, mas todas servem ao propósito de trazer alguém de volta ao reconhecimento da realidade. Agora, vamos tentar aplicar essas expressões em situações cotidianas para que você possa se sentir mais conectado com a linguagem real e viva das ruas e das conversas autênticas.

Wake up and smell the coffee

Wake up and smell the coffee, she's not interested in you. / Não se iluda, ela não está interessada em você.

Wake up and smell the coffee, you're not going to win the lottery without buying a ticket. / Caia na real, você não vai ganhar na loteria sem comprar um bilhete.

Wake up and smell the coffee, your plan is not going to work. / Caia na real, seu plano não vai funcionar.

Wake up and smell the coffee, he's just not that into you. / Não se iluda, ele simplesmente não está tão interessado em você.

Face the music

It's time to face the music, you're not as prepared as you thought you were. / É hora de cair na real, você não está tão preparado quanto pensava.

He needs to face the music and accept the consequences of his actions. / Ele precisa cair na real e aceitar as consequências de suas ações.

She's been avoiding the truth for too long; it's time for her to face the music. / Ela andou evitando a verdade por muito tempo; é hora de cair na real.

You need to face the music and admit you were wrong. / Você precisa cair na real e admitir que estava errado.

Get with the program

Come on, get with the program! We need to finish this project by the end of the week. / Vamos lá, caia na real! Precisamos terminar esse projeto até o final da semana.

She needs to get with the program and start studying if she wants to pass the exam. / Ela precisa cair na real e começar a estudar se quiser passar na prova.

I've been telling him for months to start saving money, but he still hasn't gotten with the program. / Venho dizendo a ele há meses para começar a economizar dinheiro, mas ele ainda se ligou.

Get real

She's not into you, get real. She's already with someone else. / Ela não te quer, deixa de se iludir. Ela já está com outra pessoa.

You're wasting your time, get real and move on. / Você está perdendo tempo, pare de se iludir e siga em frente.

It's time to face the truth, she doesn't fancy you. Get real and move on. / É hora de encarar a verdade, ela não gosta de você. Caia na real e siga em frente.

Stop living in a fantasy, she's moved on. Get real and accept it. / Pare de viver em um mundo de fantasia, ela já está em outra. Pare de se iludir e aceite.

Essas expressões são apenas algumas das muitas maneiras criativas que os falantes de inglês têm para transmitir a ideia de encarar a realidade. Então, da próxima vez que você precisar ajudar alguém a "cair na real, deixar de se iludir", lembre-se dessas gírias e surpreenda com com seu domínio no inglês!

INFELIZMENTE, NÃO POSSO...
Como dizer "infelizmente" em inglês

Sabe quando alguém te pede algo e você, por dentro, já sabe que não vai rolar? Então, em inglês, a gente costuma dizer **"I'm afraid I can't"** para suavizar esse balde de água fria. Essa frase, que literalmente traduzida seria "temo que não posso", é nossa maneira educada de dizer "poxa, infelizmente isso não vai dar certo".

Vamos pegar um exemplo clássico: seu colega de trabalho, aquele que sempre tem uma ideia "genial", te chama para investir no novo negócio dele de venda de suéteres para gatos. E aí, mesmo antes de ele terminar a frase, você já sabe que essa parada não é para você. Mas, claro, você quer ser legal, não quer magoar o cara. Então, você solta um **"I'm afraid I can't get involved in your project"**. É um jeito de dizer não, sem ser aquele que joga a real de forma bruta.

Ou, imagina que sua tia querida te convida para o aniversário de 90 anos da bisavó, mas cai bem no dia daquele show que você esperou a vida inteira para ir. Difícil, né? **"I'm afraid I can't make it to grandma's birthday"** é a sua saída para não parecer o neto desnaturado, mantendo a elegância na negativa.

Em resumo, **"I'm afraid I can't"** é o curinga na manga para quando você precisa recusar algo com gentileza. Então, da próxima vez que você estiver nessa sinuca de bico, já sabe qual expressão usar para manter a paz e a boa educação.

I'm afraid I can't come to your party tomorrow. / Infelizmente, não posso ir à sua festa amanhã.

I'm afraid I don't have any extra tickets for the concert. / Infelizmente, não tenho ingressos extras para o show.

I'm afraid I won't be able to help you move next weekend. / Infelizmente, não poderei ajudar você a se mudar no próximo fim de semana.

I'm afraid I have to call off our meeting. / Infelizmente, tenho que cancelar nossa reunião.

I'm afraid I can't help you right now. / Infelizmente, não vou poder te ajudar agora.

ASSIM DE CABEÇA, NÃO...

Como dizer "assim de cabeça, não" em inglês

Ah, quem nunca passou por isso, né? Estou lá eu, numa conversa descontraída, quando alguém me lança uma pergunta tipo, "Qual era mesmo o nome daquele filme que a gente viu e adorou?" E, poxa, eu sei que sei, mas naquele exato segundo, minha memória resolve tirar uma folga. Então, eu falo, meio rindo, meio sem jeito: **"Not off the top of my head..."**

Essa expressão, **"Not off the top of my head"**, é tipo um salva-vidas para momentos assim. Ela me dá aquele respiro para não parecer que estou por fora, sabe? E não é que eu não lembre, é só que, no instante, parece que alguém mexeu nos arquivos da minha mente e bagunçou tudo lá dentro.

Lembro de uma situação engraçada. Estava eu com uns amigos na varanda de casa, jogando conversa fora, e aí veio a pergunta sobre um antigo restaurante japonês que frequentávamos. Eu podia visualizar o lugar, lembrar das risadas, mas o nome? Sumiu! Soltei um **"Not off the top of my head, guys,** mas me dá um segundo"**. Enquanto isso, meu amigo já estava dando um google freneticamente para matar a curiosidade.

E é isso, essa frase é como um joker no baralho do papo, que você joga na mesa quando precisa de um tempinho extra para a ficha cair. No fim das contas, sempre acaba sendo um momento divertido, relembrando fatos e histórias enquanto tenta resgatar aquela informação perdida na névoa do tempo.

I can't remember the capital of Rio grande do Norte. Not off the top of my head, anyway. / Não consigo lembrar a capital do Rio Grande do Norte. Assim de cabeça, não.

Do you know when the next bus arrives? Not off the top of my head, but I can check the schedule. / Você sabe quando o próximo ônibus chega? Assim de cabeça, não, mas posso verificar na tabela.

How many cups of flour do we need for this recipe? Not off the top of my head, but I can look it up in the cookbook. / Quantas xícaras de farinha precisamos para essa receita? Assim de cabeça, não, mas posso procurar no livro de receitas.

What time does the movie start? Not off the top of my head, but I think it's around 7 p.m. / A que horas começa o filme? Assim de cabeça, não, mas acho que é por volta das 19h.

Can you tell me the population of Tokyo? Not off the top of my head, but I believe it's over 13 million. / Você pode me dizer a população de Tóquio? Assim de cabeça, não, mas acredito que seja mais de 13 milhões.

VOCÊ SOUBE O QUE ACONTECEU?
Como dizer "você soube o que aconteceu" em inglês

"Você soube o que aconteceu?" é aquele tipo de pergunta que deixa todo mundo de orelha em pé, certo? É o típico início de conversa que promete revelações ou novidades bombásticas. Agora, se você quiser levar essa curiosidade para o inglês, a chave é **"Did you hear what happened?"**.

Por que **"hear"** e não **"know"**, você pode se perguntar. Bom, enquanto a gente, falantes do português, costuma usar o verbo **"saber"** para indicar que estamos por dentro do babado, os anglofalantes preferem a ideia de **"ouvir"**. É como se as notícias voassem pelo ar, e as pessoas as capturassem com os ouvidos. Assim, em inglês, a fofoca ou a grande novidade é algo que você "ouve", não exatamente "sabe".

Então, imagine a cena: você está com os amigos e alguém chega com aquele olhar de "tenho uma novidade". Você, ansioso, solta um **"Did you hear what happened?"** e pronto, a conversa decola. Esse "hear" é a faísca que acende a fogueira das conversas mais animadas e interessantes.

Resumindo, para não dar um fora e continuar sendo o rei ou a rainha da comunicação em qualquer língua, quando for falar sobre as últimas novidades em inglês, use **"Did you hear what happened?"**. Assim, você mostra que está ligado na forma como eles compartilham informações e pronto para entrar no loop das conversas.

Did you hear what happened at the party last night? / Você soube o que aconteceu na festa ontem à noite?

Did you hear what happened to Sarah? / Você soube o que aconteceu com a Sarah?

I heard what happened, but I'm not sure if it's true. / Eu ouvi o que aconteceu, mas não tenho certeza se é verdade.

"Ao leitor(a)" **Did you get wind of what your friends are saying**

about you? They're saying you're already fluent in English. Você ficou sabendo do que seus amigos estão dizendo sobre você? Eles estão dizendo que você já é fluente em inglês.

Did you hear the news about the new job opening? / Você ouviu a notícia sobre a nova vaga de emprego?

Did you hear the news about the election results? / Você ouviu a notícia sobre os resultados das eleições?

Did you hear the news about the price increase? / Você ouviu a notícia sobre o aumento de preço?

NÃO SEJA INTROMETIDO
Como dizer "não seja intrometido" em inglês

Lembro como se fosse ontem, estávamos todos na casa da vó Maria, aquele lugar onde cada canto tem uma história. O cheiro do café coado na hora misturado com o perfume das rosas do jardim dela sempre traz uma paz, sabe? Então, estávamos lá, eu, meus primos, tios, a galera toda, quando o assunto começou a esquentar um pouco.

Minha prima, a Júlia, que tinha acabado de terminar um namoro meio turbulento, estava quietinha, tentando evitar o assunto. Mas o Tio Roberto, que nunca sabe quando parar, começou a cutucar, querendo saber os porquês, os comos e os quandos. Aquela coisa que dá um nervoso só de ouvir.

Foi aí que a minha tia Glória, com aquele jeito dela que não deixa passar nada, soltou um **"Roberto, don't be nosy, let the girl breathe!"** E olha, ela falou com um tom que era uma mistura de bronca com carinho, só ela consegue fazer isso.

A gente usa muito o **"Don't be nosy"** aqui, mas naquele momento, em inglês, pareceu que até deu uma suavizada na situação, deixou mais leve. O Tio Roberto deu uma risadinha sem graça, passou a mão na cabeça, e mudou de assunto. E assim a tarde seguiu, entre risadas e as histórias da vó Maria, que sempre têm o poder de juntar a família e fazer a gente esquecer das pequenas rusgas.

E quando penso nisso, vejo como essas expressões, como **"Mind your own business"** ou **"Don't poke your nose into other people's business"**, têm o seu peso, mas também como elas podem ser ditas de um jeito que não machuca, sabe? Tipo um lembrete de que cada um tem sua vida, seus perrengues, e que às vezes o melhor mesmo é deixar cada um lidar com os seus.

Don't be nosy, it's none of your business. / Não seja intrometido, não é da sua conta.

I wish my neighbor wouldn't be so nosy about my private life. / Eu queria que meu vizinho não fosse tão intrometido sobre minha vida pessoal.

It's rude to be nosy and ask personal questions. É falta de educação ser intrometido e fazer perguntas pessoais.

Mind your own business, it's not polite to pry into other people's affairs. / Cuide de sua vida, não é educado bisbilhotar os assuntos alheios.

Mind your own business and stay out of mine. / Cuide da sua vida e não se meta na minha.

She's always meddling in other people's business; she should mind her own business. / Ela está sempre se intrometendo na vida dos outros; ela deveria cuidar da própria vida.

He's such a busybody, always wanting to know everyone else's business. / Ele é muito intrometido, sempre querendo saber da vida de todo mundo.

EU NÃO SEI DE NADA

Como dizer "eu não sei de nada" em inglês

Ah, essa história é clássica e me lembra aquela viagem que fiz com meu primo para os Estados Unidos, sabe? O cara mal sabia se virar em inglês, e eu que tive que salvar a pátria várias vezes. Numa dessas, a gente tinha ido a um jogo de basquete, e depois decidimos explorar a cidade à noite. Nada de mais, só turistando mesmo.

Rapaz! do nada, um policial se aproximou e começou a fazer perguntas sobre uma confusão que rolou por perto, algo que a gente nem tinha visto. O policial pergunta: **"Do you know anything about what happened here tonight?"** E meu primo, na inocência dele e querendo mostrar que sabia um inglês, solta um **"I don't know nothing,"** tentando dizer que ele era só um turista e não sabia de nada.

Mano, eu gelei na hora! Porque, né, em inglês, essa dupla negativa do **"don't"** com o **"nothing"** faz a coisa virar uma afirmação. É como se ele tivesse dito que sabia de alguma coisa, mesmo querendo dizer o contrário. E eu lá, tive que entrar em cena e explicar para o policial, meio que dando uma aula rápida de inglês pro meu primo, que ele queria dizer **"I know nothing"** – que era a maneira certa de se expressar que ele não sabia de nada sobre o tal incidente.

Depois disso, meu primo me olhou com uma cara de quem não entendeu nada, mas agradeceu como se eu tivesse salvado a vida dele. E eu fiquei ali, pensando como as palavras podem ser traiçoeiras, especialmente quando você está num país estrangeiro, tentando se comunicar numa língua que não é a sua.

Então, fica a dica: **"I know nothing"** é o seu melhor amigo quando você realmente não sabe de nada e quer deixar isso claro, sem causar confusões. E para quem tá aprendendo inglês, essa história foi uma lição e tanto! Vamos de frases para aprendermos e não entrarmos em confusão.

I know nothing about this subject. / Eu não sei nada sobre este assunto.

She found nothing in the drawer. / Ela não encontrou nada na gaveta.

He has nothing to do with that decision. / Ele não tem nada a ver com aquela decisão.

They know nothing about the new project. / Eles não sabem nada sobre o novo projeto.

He understood nothing of what was said. / Ele não entendeu nada do que foi dito.

I see nothing wrong with that approach. / Eu não vejo nada de errado com essa abordagem.

ELE É BOM DE LÁBIA

Como dizer "Ele é bom de lábia" em inglês

Lembro como se fosse ontem, numa feira de carros antigos. Eu estava lá, só de passagem, admirando aqueles clássicos, quando escutei alguém falando. Era o João, um conhecido da nossa turma, que você sabe, tem aquela lábia que faz qualquer um abrir a carteira sem pensar duas vezes.

Ele estava lá, todo empolgado, cercado por um monte de gente. João não é qualquer um; o cara é o que os americanos chamam de **"smooth talker",** ou **"sweet talker"**, quando querem ser mais charmosos. Ele fala de um jeito que você compra a ideia dele antes mesmo de saber o que está comprando.

Estava ele, discursando sobre o valor histórico de um fusca azul celeste, e juro, até eu, que não entendo nada de carros, fiquei tentado a dar uma olhada no meu saldo bancário. É impressionante! O João, com aquela conversa mansa, parecia que estava hipnotizando a galera, como se ele tivesse o superpoder de fazer as pessoas concordarem com ele sem questionar.

E aí, eu pensei: esse é o tipo de cara que em inglês você chama de **"smooth talker"** ou **"sweet talker"**. Não é só lábia, é arte. É como se cada palavra fosse calculada, cada pausa, um convite para você se jogar na proposta dele.

Então, naquele dia, enquanto observava o João em ação, concluí que ser um **"smooth talker"** é quase um dom. E quer saber? Se você tem essa habilidade, você é praticamente um mago das palavras. Vamos de frases para você praticar:

He's such a smooth talker that even the birds stop singing just to listen to him speak. / Ele é tão bom de lábia que até os pássaros param de cantar só para ouvi-lo falar.

He's such a smooth talker he managed to win over the girl with just a minute of conversation. / Ele é tão bom de lábia que conquistou a menina com apenas um minuto de conversa.

She's a sweet person, but beware, she's also a sweet talker! / Ela é um doce de pessoa, mas cuidado, é uma boa de lábia também!

He's a smooth talker, always buying on credit. / Ele é bom de lábia, sempre compra fiado.

His sweet talk is amazing, he always buys on credit. / A lábia é incrível, sempre compra fiado.

CHUPETA (de bebê)
Como dizer "chupeta" em inglês

Outro dia, estava lembrando das noites em claro com minha filha, Ana, que agora já está com cinco anos. Quando ela era bebê, a chupeta era nosso talismã sagrado. Em inglês, eles têm umas palavras chiques tipo, **"pacifier"** ou **"dummy"** para os britânicos, mas para mim era simplesmente "silenciadora de choro noturno".

Era engraçado como a Ana tinha uma relação de amor e ódio com aquela chupeta. Lembro de uma vez, ela jogou o **"pacifier"** longe com uma força que eu nem sabia que um bebê podia ter. E lá fui eu, no meio da madrugada, procurar a bendita chupeta debaixo do berço, no escuro, tentando não acordar a casa toda.

Quando Ana começou a engatinhar, foi uma festa. Ela parecia uma exploradora conquistando territórios desconhecidos da sala de estar. O termo **"to crawl"** nunca fez tanto sentido. Era como assistir a uma pequena aventura épica, com direito a tentativas de escalar o **"walker"** (andajar ou andador) como se fosse uma montanha.

O berço, ou **"crib"** como os americanos chamam, era o refúgio dela, mas às vezes parecia uma jaula para a pequena Houdini que tentava escapar. E sobre as fraldas, **"disposable diapers"**, bem, vamos dizer que era um terreno minado que exigia táticas de especialista para desarmar.

Cada dia era uma nova descoberta, um novo desafio. Lembro de uma vez que ela conseguiu tirar a fralda por conta própria. Ah, que cena! Foi um misto de orgulho e pânico quando ouvi aquele **"poop"** (cocô de bebê) e percebi o que estava por vir.

Então, sim, ser pai é uma jornada cheia de **"pacifiers"**, **"crawls"** e **"cribs"**. Cada pequena vitória, cada noite em claro, faz parte dessa aventura incrível.

Our baby loves his pacifier. / Nosso bebê adora a **chupeta**.

We want to wean Ezra's pacifier off because he's already a big boy, but we don't know how. / Queremos tirar a **chupetinha** do Ezra, pois ele já está grandinho, mas não sabemos como.

The crib is ready for bedtime. / O **berço** está pronto para a hora de dormir.

She uses a walker to help her walk. / Ela usa um **andajá** para ajudá-la a andar.

The baby is crawling all over the house. / O bebê está engatinhando pela casa toda.

I always keep a pacifier in my bag. / Eu sempre guardo uma chupeta na minha bolsa.

They bought a cot bed for the nursery. Eles compraram berço para o quarto do bebê.

The girl can't drink from her bottle without her pacifier by her side. / A menina não consegue tomar mamadeira sem sua chupeta ao lado.

My baby falls asleep quickly when I sing lullabies to him. Meu bebê dorme rápido quando eu canto cantigas de ninar para ele.

My daughter pooped, and my wife taught me how to change her diapers. / Minha filha fez cocô, e minha esposa me ensinou a trocar as fraldinhas dela.

CHÁ DE PANELA
Como dizer "cha de panela" em inglês

Que dia foi o chá de panela da Carol, minha irmã caçula! Aquele sábado amanheceu com uma chuva fina, mas a tarde abriu num sol radiante, como se o próprio céu estivesse dando uma força para o evento. A Carol, que sempre foi a mais sonhadora de nós, queria um **"bridal shower"** à moda antiga, com jogos, risadas e, claro, aqueles segredinhos compartilhados que só amigas **(girlfriends)** de longa data têm.

Transformamos o quintal da nossa casa de infância num cenário de filme, com luzes suaves penduradas nas árvores e mesas cobertas com toalhas de renda que a vó tinha guardado. O **"bridal shower"**, ou chá de panela, como a gente conhece, estava prestes a começar.

A turma da Carol, desde a escola até a faculdade, veio em peso. Cada uma trouxe algo especial, desde utensílios de cozinha, que remetiam ao **"kitchen tea"** **"Chá de cozinha"**, até lembranças mais pessoais que provocavam gargalhadas e lágrimas ao mesmo tempo. E sim, teve o momento **"lingerie shower"** **"Chá de lingerie"** (ui!), onde a Carol ficou mais vermelha que as rosas do jardim.

Mas o melhor foi o jogo "como você conhece a noiva?". Cada resposta errada resultava em uma história engraçada ou um conselho hilário para a vida de casada. Esses momentos, as risadas que ecoavam pelo jardim, eram o coração do **"bridal shower"**.

Quando a noite caiu, e o **"afternoon tea"** se transformou em um brinde sob as estrelas, senti uma coisa boa no peito. Era mais que um simples chá de panela; era um capítulo de amor, união e cumplicidade na história da minha irmã.

O **"bridal shower"** da Carol foi uma pintura viva das cores da sua vida, um tecido de memórias que ela levaria para a nova jornada que estava começando. Foi um dia que, mesmo sendo planejado com todo o cuidado do mundo, acabou sendo perfeito pela sua espontaneidade e alegria genuína.

Dica: lembre-se **wedding** (casamento) é a cerimônia (festa de casamento). Exemplo: **Do you know the date of Caroline and Matthew's wedding?** / Você sabe a data do casamento de Caroline and Matthew? Já **marriege** é o casamento como "instituição" ou "união entre duas pessoas". Exemplos: **She has two daughters by her first marriage.** / Ela tem duas filhas do seu primeiro casamento; **They had a long and happy marriage.** / Eles tiveram um casamento feliz e duradouro. Dada as dicas legais, agora vamos aprender com exemplos:

She organized a lovely bridal shower for her best friend. / Ela organizou um lindo **chá de panela** para sua melhor amiga.

The baby shower was a great success, and the parents-to-be received many wonderful gifts. / O **chá de bebê** foi um grande sucesso, e os futuros pais receberam muitos presentes maravilhosos.

They're having a kitchen tea next weekend to help stock their new home. / Eles vão ter um **chá de cozinha** no próximo final de semana para ajudar a abastecer sua nova casa.

The lingerie shower was a fun and playful event, and the bride-to-be loved all her new lingerie. / O **chá de lingerie** foi um evento divertido e brincalhão, e a noiva adorou todas as suas novas lingeries.

They threw a celebration tea to mark their 50th wedding anniversary. / Eles organizaram um **chá de celebração** para marcar seu 50º aniversário de casamento.

The lingerie shower got awkward when the groom's mother accidentally walked in. / O **chá de lingerie** ficou constrangedor quando a mãe do noivo entrou sem querer.

DESLIGOU NA MINHA CARA

Como dizer "Ela desligou o teleone na minha cara" em inglês

Ah, isso me lembra um episódio que aconteceu comigo, que é a cara dessa expressão **"She hung up on me"**. Estava eu, numa tarde de verão, tentando resolver um problema com a minha internet que mais parecia uma montanha-russa, sabe? Uma hora estava lá em cima, outra hora... puf, desaparecia.

Então, liguei para a operadora, e depois de esperar aquele tempão ouvindo música de elevador, finalmente, fui atendido. Comecei a explicar o problema, tentando manter a calma, quando, do nada, a linha caiu. Ou melhor, a atendente desligou na minha cara!

Na hora, só consegui pensar: **"She hung up on me!** Não acredito nisso!" Foi um misto de incredulidade e frustração. E lá fui eu, rediscar, passar por toda a espera novamente, só para tentar resolver o problema.

E sabe o que é mais irônico? No meio da segunda tentativa, ouço aquele bip irritante da bateria do telefone avisando que está acabando. E eu lá, pensando, **"Great, my battery is dying"** (Ótimo, minha bateria está descarregando), como se precisasse de mais drama na situação.

Mas não para por aí. Depois de recarregar o telefone, jurando que **"I'm going to recharge my phone and call them again"** (Vou carregar meu telefone e ligar de novo), a ligação cai mais uma vez! Aí já era, **"I've just been cut off"** (minha ligação caiu), e a paciência estava por um fio.

No fim das contas, comecei a ponderar, **"I want to change my mobile carrier"** (Quero mudar de operadora). E, claro, com aquela dúvida clássica, **"Can I switch to another phone carrier but keep the number I already have?"** (Posso mudar para outra operadora e manter o mesmo número?).

Essa experiência foi um verdadeiro teste para a paciência e um aprendizado em expressões em inglês, tudo em um só! Então, da próxima vez que você se encontrar numa situação parecida, lembre-se dessas frases e, quem sabe, elas podem te ajudar a manter o bom humor, mesmo quando alguém desligar na sua cara.

ARROBA

Como dizer "arroba de internet" em inglês

Você quer saber como se diz **"arroba"** em inglês? Aquela pequena bolinha que parece com a letra "a" com rabinho longo **(@)** que usamos todos os dias nos endereços de e-mail.

Na verdade, em inglês, **"arroba"** é **"at"**. Simples assim, **"at"**. Em inglês, "at" é uma preposição que pode ser traduzida como "em" ou "a". Por exemplo, **"fulanodetal @ yahoo . com"** quer dizer que **"fulanodetal"** está no **"yahoo . com"**.

My email address is john.smith @ example . com." john.smith **at example dot com** / Meu endereço de e-mail é john.smith @ example com.

Please send your resume to hr @ company . com - Please send your resume to hr at company . com / Por favor, envie seu currículo para hr @ company. Com.

VOCÊ TEM INSTAGRAM?

Como dizer "você tem instagram" em inglês

Quando queremos perguntar se alguém tem Instagram, em inglês usamos a estrutura **"to be on"** e não **"have"**. Ou seja, usamos o verbo **"be"** (ser/estar) para perguntar se a pessoa está presente em uma determinada plataforma online. Por exemplo, **"Are you on Instagram?"** "Você tem Instagram?". Essa forma é mais comum em inglês quando se pergunta sobre a presença em redes sociais ou plataformas online.

E se você quiser incentivar alguém a deixar um like em algum post no Instagram, você pode dizer **'Give a thumbs up!'** (Dê um joinha, deixe o seu like!). Essa é uma forma informal e popular de convidar os usuários a curtirem suas postagens e demonstrarem seu apoio.

Are you on Instagram? / Você tem Instagram?
Are you on LinkedIn. / Você tem LinkedIn?
He is not on Snapchat. / Ele não tem Snapchat.
Are they on WhatsApp. / Eles têm WhatsApp?

VOCÊ LEVAR UMA TOPADA
Como dizer "levar um topada" em inglês

E então, quem nunca deu aquela **topadinha** em um móvel ou objeto pela casa, não é mesmo? Em inglês, quando queremos descrever essa sensação, usamos a frase **"I stubbed my toe"** "Eu levei uma topoda"

Veja só, você está andando descalço pela casa, tranquilo, cantando e feliz quando de repente, **ouch**! Seu dedo do pé encontra o móvel e parece que você foi catapultado direto ao céu e voltou! A dor é intensa e instantânea, fazendo você pular e gritar de dor. Nessas horas, você pode dizer: **"Bloody table!"** (Mesa desgraçada!), **"I stubbed my toe"** "Eu levei uma topada".

I stubbed my toe on the chair. / Eu levei uma topada na cadeira.

She cursed the table after stubbing her toe. / Ela xingou a mesa depois de levar uma topada no dedo do pé.

He yelled 'ouch' when he stubbed his toe. / Ele gritou 'ai' quando levou uma topada no dedo do pé.

ESTOU A CAMINHO
Como dizer "estou a caminho" em inglês

Vou te contar sobre o dia em que o **"I'm on my way"** se tornou quase um mantra para mim. Era uma daquelas manhãs de segunda-feira que já começam com tudo parecendo dar errado. Eu tinha uma reunião importante no trabalho, daquelas que você marca no calendário e fica contando os dias, sabe?

Acabei acordando tarde, graças ao meu despertador que decidiu tirar uma folga justo naquele dia. Então, enquanto eu corria pela casa me arrumando, mandei uma mensagem pro meu chefe: **"I'm on my way, just running a bit late."** "Estou a caminho, mas estou um pouco atrasado"

Sair de casa foi como entrar em uma cena de filme de ação: café na mão esquerda, celular na direita, e um olho no relógio, contando cada segundo. Eu estava a caminho, sim, mas parecia que o universo tinha outros planos, transformando cada semáforo **"traffic lights"** no meu trajeto em uma longa pausa de suspense.

Chegando ao metrô, lá fui eu, descendo as escadas correndo, só para ver as portas se fechando bem na minha frente. Nesse momento, pensei em mandar outra mensagem, **"Still on my way, but the universe is testing me today!"** (Ainda estou a caminho, mas o universo está me testando hoje!).

Finalmente, no metrô, enquanto eu tentava recuperar o fôlego e a dignidade, comecei a repassar na cabeça a apresentação para a reunião. E olha, apesar do caos, sentia uma estranha adrenalina, aquele sentimento de "vou chegar lá e arrasar", mesmo que um pouco amassado pelo aperto do metrô.

Quando finalmente cheguei, um pouco atrasado, claro, entrei na sala de reunião com um sorriso meio sem jeito e lancei um **"Sorry, but I made it!"** (Desculpe, mas eu cheguei!). E a reunião? Foi um sucesso, apesar do começo atribulado.

Então, **"I'm on my way"** não é apenas uma frase; naquele dia, foi uma pequena jornada de superação, mostrando que, mesmo com os contratempos, estamos sempre seguindo em frente. Pratique com as frases abaixo:

I'm on my way to the party. / Estou a caminho da festa.

She called to say she's on her way home. / Ela ligou para dizer que está a caminho de casa.

He's on his way to pick up the kids from school. / Ele está a caminho de buscar as crianças na escola.)

They're on their way to the meeting. Eles estão a caminho da reunião.

FALTAM 10 MINUTOS
Como dizer "faltam tantos minutos ou horas" em inglês

Ah, essa de **"ten minutes left"** me leva direto para o dia do casamento do meu irmão. Eu era o padrinho **"best man"**, então, sabe como é, a responsabilidade era grande. Estávamos todos nos arrumando, e a tensão estava alta. A noiva, perfeita em seu vestido, já estava pronta e parecendo uma princesa de conto de fadas. Meu irmão, por outro lado, estava numa agitação só, preocupado com cada detalhe.

Faltando exatos 10 minutos para a cerimônia começar, eu fui checar como estava tudo no salão. Ao abrir a porta, vi que ainda estavam finalizando a decoração e ajustando as flores. Voltei correndo para o camarim, onde meu irmão estava praticamente pulando de um lado para o outro, e disse, **"Hey, relaxa, ainda temos ten minutes left!"** (Ei, relaxa, ainda faltam 10 minutos!).

Você deveria ter visto a cara dele, uma mistura de alívio e nervosismo, como se aqueles dez minutos fossem a eternidade. E eu lá, tentando ser o irmão calmo e controlado, mas por dentro, também contando cada segundo.

Aqueles **"ten minutes left"** se transformaram em uma contagem regressiva não só para o início da cerimônia, mas também para o início de uma nova fase na vida do meu irmão. E enquanto o relógio avançava, todos nós sentíamos a emoção crescendo.

Quando finalmente chegou a hora, e todos se posicionaram, aqueles dez minutos pareceram pequenos diante da importância do momento que vivíamos. O **"We have ten minutes left"** virou **"It's time"**, e tudo correu perfeitamente, melhor do que poderíamos imaginar.

Então, toda vez que ouço **"ten minutes left"** agora, lembro daquele dia, da correria, dos nervos à flor da pele, e do começo feliz de uma nova história para meu irmão. Vamos de frases para praticarmos:

- A: **What time is the movie starting?** / Que horas o filme começa?
- B: **It starts at 7:30. We still have ten minutes left.** / Começa às 7:30. Ainda faltam dez minutos.
- A: **Great, that gives us enough time to grab some popcorn.** / Ótimo, isso nos dá tempo suficiente para pegar um pouco de pipoca.
- B: **Sounds good. Let's hurry so we don't miss the beginning.** / Parece bom. Vamos nos apressar para não perdermos o início.

ISSO É UM ROUBO!

Como dizer "isso é um roubo, muito caro" em inglês

Numa típica manhã londrina, encoberta pela neblina, eu estava com minha prima Alice, que tinha acabado de se mudar para Londres. Decidimos explorar o famoso mercado de **Camden Town**, conhecido por sua vibração alternativa e estandes peculiares. Alice, com seu estilo vintage, estava em busca de algo único para decorar seu novo apartamento em **Shoreditch**.

Passeando pelas vielas estreitas de Camden, repletas de aromas de comida de rua e sons de música ao vivo, nos deparamos com uma pequena loja que vendia relógios antigos e câmeras. Alice se apaixonou por uma câmera polaroid retrô, perfeita para sua coleção.

O vendedor, um cara descolado com um colete de **tweed** e **dreadlocks** chamado Simon, notou nosso interesse. Ele começou a nos contar a história da câmera, dizendo que pertenceu a um famoso fotógrafo local nos anos 70. Quando Simon revelou o preço, eu não pude acreditar; era exorbitante!

Eu exclamei em surpresa, **"Good heavens, that's a rip-off!"** **"Deus do céu, isso é um roubo"** Simon riu, talvez um pouco constrangido, e confessou que talvez tivesse exagerado no preço **"tourist"**. Com um pouco de negociação, que mais parecia um ritual de barganha, conseguimos um acordo mais razoável.

Depois de sair da loja, Alice, empolgada com sua nova aquisição, sugeriu que tomássemos um chá para comemorar. Encontramos um pequeno café nas proximidades, com vista para o **Regent's Canal**, onde discutimos nossas aventuras do dia. A conversa sempre voltava para como o **"That's a rip-off"** se tornou um momento hilário e uma lição valiosa sobre negociação.

Esse dia não só me deu uma visão autêntica da vida em Londres, através dos olhos de Alice, mas também uma memória compartilhada cheia de risadas e aprendizado cultural. Agora, sempre que escuto alguém dizer **"That's a rip-off"**, sou transportado de volta para aquele dia em Camden Town, com sua mistura única de história, cultura e comércio. Pratique com as frases abaixo:

That's a rip-off! I'm not paying that much for a T-shirt. / Isso é um roubo! Eu não vou pagar tanto por uma camiseta.

I can't believe they're charging $10 for a small bottle of water. That's a rip-off! / Não acredito que estão cobrando $10 por uma pequena garrafa de água. Isso é um roubo!

A: Can you believe the price of these shoes? / Dá para acreditar no preço desses sapatos?
B: I know, it's outrageous! Eu sei, é absurdo!
A: I really like them, but $200 is just too much. / Eu realmente gosto deles, mas $200 é simplesmente muito caro.
B: Yeah, that's a rip-off. You can probably find similar ones for half the price online. / Sim, isso é um roubo. Provavelmente você consegue encontrar sapatos semelhantes pela metade do preço online.
A: I think I'll do that. Thanks for the tip! Acho que vou fazer isso. Obrigado pela dica!

ELE TORCEU O PÉ

Como dizer "torcer pé, o pano, o nariz" em inglês

No coração do Texas, numa cidadezinha chamada Marfa, conhecida por sua arte e mistérios, estava eu com meu primo Bob, um aficionado por esportes e torcedor ávido dos Texas Longhorns. Ele sempre dizia que torcia, ou **"rooted for"**, seu time com um entusiasmo que beirava o religioso.

Numa tarde quente e empoeirada, decidimos jogar futebol no terreno baldio atrás do seu trailer. Bob, sempre o palhaço, tentou uma jogada espetacular que viu na TV, mas acabou tropeçando na própria sombra e torceu o pé, ou **"sprained his ankle"**. Deitado no chão, ele olhou para mim e disse com uma risada dolorosa: **"I think I overdid it with the twist, huh?"** "Acho que exagerei na torção, hein?"

Enquanto ajudava Bob a se levantar, notamos Mrs. Johnson, uma senhora local de espírito firme, se aproximando. Ela, conhecendo bem o jeito despojado de Bob, aproveitou a situação para lançar um de seus típicos comentários perspicazes: "Bob, sempre vejo você torcendo o nariz, **'turning up your nose'**, para bons conselhos sobre calçados adequados. Olha só onde essa teimosia te levou!"

Levamos Bob para a casa da Mrs. Johnson, que, além de ser a enfermeira local, criava galinhas no quintal. Enquanto ela cuidava do pé dele, não pude evitar notar uma galinha que parecia estar no fim da linha. Mrs. Johnson, percebendo meu olhar, disse pragmaticamente: **"Ah, that one's going to be dinner."** "Ah, essa aí vai virar jantar, vou **'wring its neck'** "torcer o pescoço dela" mais tarde." Bob e eu trocamos um olhar cúmplice, reconhecendo a dura realidade da vida rural.

Depois do incidente, enquanto Bob repousava com uma bolsa de gelo, ficamos na varanda de Mrs. Johnson, observando o pôr do sol e conversando sobre a vida. Bob, sempre o otimista, brincou: "Bem, pelo menos aprendi a diferença entre **'root for'**, **'turn up my nose'**, e **'sprain my ankle'** da maneira mais dura!"

Esse dia em Marfa não foi apenas uma lição sobre o idioma inglês, mas também um vislumbre da vida simples e autêntica no Texas, com suas peculiaridades, hospitalidade e um senso de comunidade que fica com você muito tempo depois de partir. Vamos de frases para você praticar e ver outros torceres em inglês.

He twisted his ankle while playing soccer. / Ele torceu o pe enquanto jogava futebol.

Don't wring the towel too hard, or it might tear. / Não torça o pano com muita força, senão ele pode rasgar.

She always roots for her favorite team, no matter what. / Ela sempre torce pelo seu time favorito, não importa o que aconteça.

I didn't want to go out, but my friends twisted my arm. / Eu não queria sair, mas meus amigos torceram meu braço. (para obrigar a ir)

The gymnast sprained her wrist during practice. A ginasta torceu/abriu o pulso durante o treino.

He turned up his nose at the idea of eating sushi. Ele torceu o nariz para a ideia de comer sushi.

The farmer wrung the chicken's neck to prepare it for dinner. / O fazendeiro torceu o pescoço da galinha para prepará-la para o jantar.

She was wringing her hands with anxiety before the job interview. / Ela estava torcendo as mãos de ansiedade antes da entrevista de emprego.

ELE É MULHERENGO

Como dizer "ele é mulherengo" em inglês

Era uma noite típica no Bar do Zeca, aquele cantinho onde todos conhecem a todos. João, com seu jeito descontraído, jogava sinuca enquanto lançava olhares para Marina, a nova garçonete. "Esse João, não muda, né? O cara é um verdadeiro **'womanizer'"**, comentou Carlos, o barman, enquanto servia uma cerveja para Roberto, um dos regulares.

"Ah, o João? Ele é mais do que isso. Ele é o **'player'** do bairro, sempre com uma nova história de amor para contar", respondeu Roberto, rindo, enquanto observava João, que agora ensinava Marina a jogar sinuca, seus sorrisos compartilhados iluminando o bar.

De repente, a porta se abriu, e entrou Lucas, conhecido como o **'ladies' man'** da cidade. Com seu habitual charme, cumprimentou todos e sentou-se ao lado de Daniela, que já esperava por sua companhia. "Esse sim sabe como ser popular entre as mulheres", murmurou Carlos, impressionado com a facilidade de Lucas em se enturmar.

A noite avançava, e as histórias de João, o **'womanizer',** de Felipe, o estrategista **'player',** e de Lucas, o **'ladies' man',** se entrelaçavam entre risos, jogos e conversas ao redor do bar. Mas nem tudo era festa; em um canto, Gabriel observava a cena, pensativo. Conhecido como o **'heartbreaker',** ele parecia refletir sobre suas escolhas passadas, talvez lamentando as pontes queimadas e os corações partidos.

"Viu o Gabriel ali?", questionou Roberto, baixando a voz. "Ele pode ser o **'heartbreaker'**, mas acho que, no fundo, ele está procurando algo mais, algo verdadeiro."

As horas passaram, e o Bar do Zeca fechou suas portas, guardando dentro de si mais uma noite de histórias, encontros e desencontros. João, Felipe, Lucas e Gabriel, cada um com sua fama e seu jeito de ser, deixaram o bar, caminhando sob o manto da noite estrelada, cada um à procura de algo que talvez ainda não tivessem encontrado. Veja as frases abaixo com cada vocabulário em ingles usado na crônica.

He's such a player, always flirting with multiple women at the same time. / Ele é muito mulherengo, sempre flertando com várias mulheres ao mesmo tempo.

She fell for his charm, not realizing he's just a heartbreaker. / Ela caiu em seu charme, sem perceber que ele é só um mulherengo.

Despite his reputation as a ladies' man, he's actually very shy around women. / Apesar de sua reputação como um mulherengo, ele é na verdade muito tímido perto das mulheres.

I thought he was genuinely into me, but it turns out he's just a womanizer. / Eu pensei que ele estava realmente a fim de mim, mas descobri que ele é apenas um mulherengo.

Don't fall for his smooth talk, he's known for being a heartbreaker. Não caia na lábia dele, ele é conhecido por ser um mulherengo.

LEVAR PONTOS

Como dizer "Levar pontos (ferimento, cirúrgico)" em inglês

Num ensolarado dia **"sunny day"** de outono em Austin, Texas, Mike decidiu mostrar a sua nova cidade a sua irmã, Jenna, que estava visitando de Nova York. Eles estavam explorando o vibrante bairro de South Congress, conhecido por suas boutiques peculiares e **food trucks** saborosos.

Caminhando e rindo juntos, Mike tropeçou em uma calçada irregular e caiu, cortando o braço. Jenna, prática e sempre prestativa, olhou para o ferimento e disse, "Mike, isso definitivamente vai precisar de **'stitches'** (pontos)."

Levaram Mike para a clínica mais próxima, onde o médico, com um sotaque texano carregado, confirmou: **"Well, we're going to need to put some stitches in here, young man."** "Bem, vamos precisar dar alguns pontos aqui, meu jovem. Parece que você **'had to have stitches'** nesta aventura pela cidade."

Enquanto cuidavam de seu ferimento, Mike e Jenna conversaram com o médico sobre as peculiaridades de Austin, desde a música ao vivo até os famosos tacos. Mike, apesar da situação, brincou: "Bem, pelo menos agora tenho uma história de **'how I got stitches in Austin'** "como levei alguns pontos em Austin" para contar!"

Após o incidente, enquanto repousavam em um café local, observando as pessoas passarem, Jenna disse, "Você sabe, Mike, **'to have stitches out'** vai ser muito mais fácil do que explicar para mamãe como você se machucou passeando pela cidade."

Mike riu, concordando. "É, Jenna, Austin é incrível, mas definitivamente me ensinou a olhar por onde ando. E **hey, 'having stitches'** aqui me deu uma perspectiva única da cidade, não é?"

Eles terminaram o dia prometendo a si mesmos prestar mais atenção enquanto exploravam, mas agradecidos pela experiência compartilhada e pela história inusitada de 'stitches' em Austin.Veja abaixo algumas frases para praticar.

I fell off my bike and had to get stitches in my knee. / Caí da minha bicicleta e tive que levar pontos no joelho.

She had a minor cut on her finger, but it didn't need stitches. / Ela teve um pequeno corte no dedo, mas não precisou de pontos.

The doctor said I'll need stitches for this wound. / O médico disse que vou precisar de pontos para esse ferimento.

The bus stop is just around the corner from here. / O ponto de ônibus fica logo ali na esquina.

QUE NOTA TIREI NA PROVA
Como dizer "que nota tirei na prova" em inglês

Na agitada Universidade de Chicago, Marina, estudante de psicologia, sentia um misto de ansiedade e expectativa. O final do semestre havia chegado, e com ele, a divulgação das notas dos exames finais. Marina, dedicada e sempre atenta, tinha passado noites em claro estudando para o exame de neurociência, matéria que considerava particularmente desafiadora.

Após o término das aulas, ela se encontrou no campus com seu amigo Pedro, que estudava direito e compartilhava da mesma tensão pós-prova. Juntos, eles caminharam até o mural de notas, um local conhecido por atrair multidões de estudantes ansiosos por resultados.

"Peter, I'm too nervous to check. Can you check it for me? What grade did I get on the test?" Marina asked, hesitantly.
"Peter, estou nervosa demais para olhar. Você pode verificar para mim? Que nota tirei na prova?" Marina perguntou, hesitante.

Pedro, compreensivo e tentando aliviar o clima, sorriu e respondeu, "Claro, Marina. Vamos ver... **"Here's your grade"** "Aqui está a sua nota". Uau, você tirou um 'A'! Parece que todo aquele esforço realmente valeu a pena."

Marina, incrédula, aproximou-se para ver com seus próprios olhos. Lá estava, ao lado do seu nome, a letra 'A' brilhando no papel. Um sentimento de alívio e alegria a inundou. **"Did I really get an 'A'? My God"** "Eu realmente tirei um 'A'? Meu Deus, eu mal posso acreditar! Todo aquele estudo, aquelas longas noites... eles realmente fizeram a diferença!"

Pedro deu um tapinha em seu ombro, **"I told you, Marina! You've always been one of the most dedicated. Congratulations!"** "Eu te disse, Marina! Você sempre foi uma das mais dedicadas. Parabéns!"

Os dois, aliviados e contentes, decidiram comemorar com um café na cafeteria favorita do campus, onde se encontravam frequentemente para estudar. Enquanto saboreavam seus cafés, conversavam sobre os desafios do semestre e os planos para o próximo.

"Pedro, aprender a perguntar **'What grade did I get on the test?'** em inglês é uma coisa, mas viver esse momento, sentir essa tensão e, depois, essa alegria, é completamente diferente. É uma experiência universitária que nunca vou esquecer," refletiu Marina, sorrindo. Veja algumas frases abaixao para voc~e praticar:

I wonder what grade I got on the exam. / Que nota será que nota tirei no exame.

She was disappointed with the grade she got on the project. / Ela ficou desapontada com a nota que tirou no projeto.

He always gets good grades in math. / Ele sempre tira boas notas em matemática.

I need to improve my grades in English. / Preciso melhorar minhas notas em inglês.

What grade do you think you'll get on the essay? / Que nota você acha que vai tirar na redação?

É POR MINHA CONTA
Como dizer "é por minha conta" em inglês

Num típico restaurante italiano em São Francisco, Carlos, um engenheiro de software local, jantava com sua colega de trabalho, Emma, que tinha acabado de liderar com sucesso um projeto desafiador. Para celebrar a conquista, Carlos sugeriu um brinde.

Levantando seu copo de vinho, Emma começou a pegar sua bolsa para pagar sua parte, mas Carlos interrompeu, sorrindo: **"Tonight, it's on me, Emma. You've done an amazing job with the project, and this is my way of saying thanks."** "Esta noite é por minha conta, Emma. Você fez um trabalho incrível com o projeto e esta é minha forma de agradecer."

Emma, surpresa e grata, respondeu: **"Carlos, that's very generous of you. I appreciate it, but are you sure?"** Carlos, isso é muito generoso da sua parte. Agradeço, mas você tem certeza?"

"Absolutely," Carlos insistiu, acenando para o garçom. "Let me treat you tonight. Consider it a celebration of your hard work and dedication." **"Deixa por minha conta esta noite. Considere uma celebração do seu trabalho duro e dedicação."**

Durante a refeição, eles discutiram sobre o sucesso do projeto e planos futuros. Quando a conta chegou, Carlos pegou sem hesitar, dizendo: "I'll pick up the tab. Don't worry about it." **"Eu pagarei a** conta. Não se preocupe com isso."

Emma sorriu, agradecendo: "Thanks, Carlos. Next time, I'll get this, okay? It'll be my treat then." **"Obrigado, Carlos. Da próxima vez, eu pago, ok? Será por minha conta então."**

Ao saírem do restaurante, eles passaram por uma pequena sorveteria. Carlos, brincando, disse: **"How about some dessert? Don't look at me this time; your treat?"**

Emma riu, entrando no jogo: **"Sure, why not? Let's make it 'on me' for the ice cream then!"**

Enquanto desfrutavam de seus sorvetes, caminhando pelas ruas iluminadas de São Francisco, ambos refletiam sobre como pequenos gestos de gentileza, como dizer **"My treat"**, fortalecem as relações e tornam as conquistas ainda mais doces.

My treat! Let's grab dinner tonight. / É por minha conta! Vamos jantar hoje à noite.

It's on me. This round of drinks is on the house. / A conta é comigo. Essa rodada de bebidas é por minha conta.

I'll pick up the tab for lunch. / O almoço é por minha conta.
Let me treat you to a coffee. / Deixa-me te pagar um café.

MALPASSADO, AO PONTO, E BEM PASSADO

Como dizer "malpassado", "ao ponto" e "bem passado" em inglês

Em um tradicional pub no coração de Londres, Oliver, um jovem londrino, estava jantando com sua amiga Charlotte, que tinha acabado de retornar de uma temporada no Brasil. Charlotte estava ansiosa para experimentar novamente os cortes de carne britânicos e compará-los com as churrascarias brasileiras que tanto a encantaram.

Enquanto examinavam o menu, Charlotte expressou sua curiosidade sobre como pedir o **steak** no ponto exato que desejava. Oliver, com um sorriso, começou a explicar os termos britânicos para os diferentes pontos da carne.

"Se você prefere a carne quase crua e muito suculenta, deve pedir **'rare'**," orientou Oliver, apontando para as opções no cardápio. "É como nosso 'malpassado' por aqui, muito vermelha por dentro."

Charlotte, intrigada, perguntou sobre um ponto intermediário, suculento mas não tão cru. "Ah, para isso você deve escolher **medium rare'**," respondeu Oliver. "É o nosso 'ao ponto', perfeito para quem gosta da carne com um toque de vermelho e bastante suculência."

Curiosa sobre a opção mais cozida, Charlotte questionou sobre o **'medium'**. Oliver explicou: **"'Medium'** é ideal se você prefere a carne mais cozida, mas ainda quer sentir um pouco da suculência. É um meio-termo entre bem passado e ao ponto."

Por fim, Charlotte quis saber como pedir a carne bem passada, sem vestígios de sangue. Oliver esclareceu: "Para uma carne completamente cozida, você vai querer **'well done'**. É o nosso 'bem passado', totalmente cozida por dentro, sem partes rosadas."

Charlotte decidiu experimentar o **'medium rare'**, querendo comparar com os sabores que experimentou no Brasil, enquanto Oliver, fiel aos seus hábitos, escolheu um **steak 'well done'**.

Conforme saboreavam seus pratos, ambos comentavam as diferenças e semelhanças com as carnes que Charlotte provou em suas viagens. Este jantar em Londres não só reforçou a amizade entre Oliver e Charlotte, mas também expandiu o paladar de Charlotte, unindo as experiências culinárias de dois mundos. Frases abaixo para praticar:

I'd like my steak rare, please. / Eu gostaria do meu bife malpassado, por favor.

Could you cook it medium rare, please? / Você poderia fazer ao ponto para mim, por favor?

She prefers her steak cooked medium. / Ela prefere o bife no ponto.

Garçom: Good evening, sir. May I take your order? / Boa noite, senhor. Posso anotar o seu pedido?

Cliente: Boa noite. Good evening. I'd like to order a steak, please. / Eu gostaria de pedir um bife, por favor.

Garçom: Sure, how would you like it cooked? / Com certeza, como você gostaria que fosse preparado?

Cliente: I'd like it medium rare, please. / Cliente: Eu gostaria ao ponto, por favor.

Garçom: And how would you like your side dishes? / E como você gostaria dos acompanhamentos?

PICANHA

Como dizer "picanha e outros tipos de cortes" em inglês

Você quer saber como se diz **"picanha"** em inglês? Essa é uma daquelas perguntas que muita gente se faz, não é meso? Picanha no nos Estados Unidos é **sirloin cap** ou **rump cap**, mas não é só a **picanha** que pode transformar seu churrasco. Conhecer os diferentes **cortes** de carne para escolher o melhor corte para cada ocasião. Vamos explorar alguns dos principais cortes e como se chamam em **inglês**:

Filé mignon (tenderloin): Conhecido pela sua maciez e sabor suave, o filé mignon é um dos cortes mais nobres da carne bovina.

Alcatra (rump steak): A alcatra é um corte versátil, ideal para grelhar ou assar. É conhecida por sua suculência e sabor característico.

Acém (agulha) (chuck): O acém é um corte mais fibroso, ideal para cozidos e ensopados devido ao seu sabor forte e textura.

Capa de contra filé (neck steak): A capa de contra filé é um corte com bastante marmoreio, o que a torna muito saborosa e suculenta.

Chuleta (rib steak): A chuleta é um corte com osso, o que confere muito sabor à carne. É ideal para grelhar ou assar.

Contrafilé (striploin): O contrafilé é um corte muito apreciado por sua suculência e sabor intenso. É ideal para grelhar ou assar.

Costela (rib): A costela é um corte com osso, o que a torna muito saborosa. Pode ser assada lentamente para um sabor ainda mais intenso.

Coração de alcatra (baby beef): O coração de alcatra é um corte macio e suculento, ideal para grelhar ou assar.

Costela do dianteiro (rib roast): A costela do dianteiro é um corte com osso, ideal para assados lentos.

Coxão duro (outside flat): O coxão duro é um corte mais firme, ideal para bifes e assados.

Coxão de dentro ou coxão mole (topside): O coxão de dentro é um corte magro e suculento, ideal para assados e bifes.

Cupim (hump steak): O cupim é um corte muito saboroso, ideal para assados lentos.

Fraldinha (flank steak): A fraldinha é um corte com fibras longas, ideal para grelhar ou assar.

Lagarto (eyeround): O lagarto é um corte magro e suculento, ideal para assados e bifes.

Maminha (rump skirt ou trip trip): A maminha é um corte macio e suculento, ideal para grelhar ou assar.

Miolo da paleta (shoulder heart): O miolo da paleta é um corte suculento, ideal para assados e bifes.

Músculo traseiro (shank): O músculo traseiro é um corte mais fibroso, ideal para cozidos e ensopados.

Músculo dianteiro (shin): O músculo dianteiro é um corte muito saboroso, ideal para cozidos e ensopados.

Paleta (shoulder clod): A paleta é um corte suculento, ideal para assados e bifes.

Patinho (knuckle): O patinho é um corte magro e suculento, ideal para assados e bifes.

Peito (brisket point end): O peito é um corte com fibras longas, ideal para assados lentos.

Ponta de contrafilé (cube roll ou rib eye): A ponta de contrafilé é um corte suculento, ideal para grelhar ou assar.

Vazio (thin flank): O vazio é um corte com fibras longas, ideal para grelhar ou assar.

Agora que você conhece os principais cortes de carne em inglês, pode explorar novos sabores e preparos para tornar seus churrascos ainda mais especiais. Aproveite!

É importante observar que os nomes e cortes de carne podem variar de país para país. As informações apresentadas aqui são baseadas em nomes comuns em inglês, mas é possível que em diferentes regiões ou países os cortes tenham nomes diferentes. Por isso, é sempre recomendável verificar com um açougueiro local ou em um dicionário especializado para garantir que você está escolhendo o corte correto para suas receitas.

CORTAR O CABELO

Como dizer "vou cortar o cabelo" em inglês

Numa manhã típica em Liverpool, com o céu tão cinzento que parecia confundir as gaivotas, Arthur, um professor de história local conhecido tanto por seu senso de humor quanto por seu indomável cabelo selvagem, decidiu que era hora de uma mudança. "Chega de parecer um experimento de ciências que deu errado", murmurou ele, observando seu reflexo no espelho.

Armado com uma decisão firme e um desejo de aventura capilar, Arthur marchou até o **"The Beatles Barber"**, um salão famoso não apenas por seu nome nostálgico, mas também pelo seu barbeiro, um senhor chamado George, cujo senso de estilo só era superado por seu amor por piadas ruins.

Ao entrar, Arthur anunciou com um teatralismo digno de Shakespeare, "George, é hora de domar esta fera selvagem. **I need to get a haircut, and I'm placing my trust in you!"**

George, com um sorriso travesso, respondeu: "Ah, Arthur, estava me perguntando quando você iria se render ao charme das tesouras. Vamos transformá-lo de 'cabeludo confuso' para 'galã distinto' em tempo recorde!"

Enquanto George trabalhava em sua magia capilar, ele e Arthur trocavam histórias e piadas, fazendo com que o tempo voasse. "Você sabe, Arthur, cada vez que alguém diz **'I need to have my hair cut'**, eu me pergunto se estão procurando um corte ou apenas uma desculpa para ouvir minhas piadas incríveis!"

Finalmente, revelando o resultado, George girou a cadeira de Arthur para encarar o espelho. O reflexo mostrava um homem transformado, com um corte tão elegante que até os Beatles teriam aprovado. "Incrível, George! Agora, parece que **'I've had my hair cut'** por um profissional de verdade, e não por um ventilador em fúria!"

Ao deixar o salão, Arthur sentiu os olhares de aprovação dos transeuntes, um testemunho silencioso de sua renovação. Ele pensou, com uma piscadela para sua imagem refletida na vitrine de uma loja, **"Getting a haircut isn't just about looking good; it's about feeling ready to rock 'n' roll, mesmo em Liverpool!"**

I need to have my hair cut. / Eu preciso cortar meu cabelo. (no cabeleireiro).

She gets her hair cut every month. / Ela corta o cabelo todo mês. (no cabeleireiro)

He needs to get a haircut. / Ele precisa cortar o cabelo. (no barbeiro)

I cut my hair, but it looked horrible. / Eu cortei meu cabelo, mas ficou horrível. (ele cortou sozinho)

She always has her hair cut at the same beauty parlor. / Ela sempre corta o cabelo no mesmo salão.

FAZER AS UNHAS
Como dizer "fazer as unhas" em inglês

Em um vibrante bairro de Manchester, Emma, uma detetive amadora com um senso de moda apurado, decidiu que era hora de **"have her nails done"** "fazer as unhas dela". Seu trabalho exigia não apenas perspicácia e inteligência, mas também uma aparência impecável em todos os momentos.

Entrando no **"Gloss and Glamour"**, um salão de beleza famoso por sua clientela exclusiva e serviços de primeira linha, Emma foi recebida com um sorriso pela manicure, Sophie, uma artista de unhas conhecida por seu trabalho excepcional e pelas fofocas da cidade.

"Hi, Sophie, I need to get my nails done. "Oi Sophie, preciso fazer as unhas" Alguma sugestão hoje?" perguntou Emma, ansiosa por um pouco de novidade em sua rotina.

Sophie, com um brilho nos olhos, sussurrou: **"How about trying our new nail trend?"** "Que tal experimentar nossa nova tendência de unhas? Dizem que muda de cor com seu humor. Perfeito para alguém com sua habilidade de desvendar mistérios!"

Enquanto Sophie cuidava de suas unhas, transformando-as em obras-primas minúsculas, ela compartilhou rumores intrigantes sobre um mistério local, captando completamente a atenção de Emma. **"Did you hear about the jewelry store that was robbed last week?"** "Você soube da joalheria que foi roubada na semana passada? A polícia está perplexa!"

Emma, agora com as unhas quase prontas e a mente afiada, pensou em como suas habilidades poderiam ajudar a resolver o caso. "Sophie, quando você diz **'She gets her nails done every two weeks'**, está falando de quem? Alguém envolvido no mistério?"

Sophie piscou, surpresa com a perspicácia de Emma. "Bem, a senhora Jenkins, uma cliente regular, mencionou algo sobre um estranho comportamento em seu vizinho naquela noite..."

Com as unhas agora perfeitamente pintadas e uma pista em mãos, Emma pagou a conta, dizendo, "Sophie, suas dicas são tão úteis quanto suas habilidades em manicure. **'I'll cut my nails next time'** (essa construção é suada para quem corta a própria unha) mas as cores e os segredos são por sua conta!"

Ao sair do salão, Emma não só tinha "had her nails done" em grande estilo, mas também embarcou em uma nova investigação, suas unhas coloridas brilhando não apenas com beleza, mas com o potencial de desvendar um enigma. Vejas as frases abaixo para praticar

I need to have my nails done. / Eu preciso fazer as unhas.

She gets her nails done every two weeks. / Ela faz as unhas a cada duas semanas.

I cut my nails last night. / Eu cortei minhas unhas ontem à noite.

He prefers to cut his nails himself. / Ele prefere cortar as unhas sozinho. (usando um cortador de unhas)

She has her nails done at the salon every month. / Ela faz as unhas no salão todo mês.

ESCOVA PROGRESSIVA
Como dizer "Escova progressiva" em inglês

Para dizer **"Quero fazer escova progressiva"** em inglês, você pode usar diferentes formas, como **"I'd like to get/have a Brazilian hair straightening"**, **"I'd like to get/have a Brazilian blowout"**, **"I'd like to get/have a Brazilian progressive"**, ou simplesmente **"I'd like to get/have a progressive blow-dry"**.

Além disso, os **hairdressers** usam diversos objetos e produtos em seu trabalho. Portanto, quando for ao cabeleireiro diga: **"I'd like to get a Brazilian blowout."** o cabebeliro "**hairdresser**" vai usar um Secador de cabelo "**hairdryer**", uma chapinha, prancha **"hair straightener"**, grampo **"hairpins"**, um Escova de cabelo **"hairbrush"**, um pente **"comb"**, e talvez uma touca de banho "**showercap**". Depois da progressiva, eles podem usar **Baby-liss**, para fazer cachos **"curling iron"** para fazer cachos, e então aplicar Spray de cabelo **"hair spray"** para fixar o estilo."
Ah, quase esqueci, eles podem também querer usar um Xampu **"Shampoo"**, um Condicionador **"Conditioner"**, um creme sem enxágue **"Leave-in conditione"**, e/ou um mousse para o cabelo **"Hair mousse"**.

CORTAR AS PONTAS DO CABELO
Como dizer "cortar/aparar as pontas do cabelo" em inglês

Para dizer "Cortar/aparar as pontas do cabelo" em inglês, você pode usar a estrutura **"have/get something done"**, assim como no caso de fazer as unhas ou a escova progressiva. Por exemplo:

"Have your hair trimmed" Significa **"cortar/aparar as pontas do cabelo"**. Exemplo: **"I need to have my hair trimmed because of split ends"** (Preciso cortar/aparar as pontas do meu cabelo por causa das pontas duplas).

"Get your hair trimmed" Também significa "cortar/aparar as pontas do cabelo". Exemplo: **"She gets her hair trimmed regularly to avoid split ends"** (Ela corta/apara as pontas do cabelo regularmente para evitar pontas duplas).

E não para por aí... Para dizer "**caspa**" em inglês, você pode usar a palavra "**dandruff**". Por exemplo:

"I have dandruff" Significa 'Eu tenho caspa'.

"He uses a special shampoo for dandruff" Significa "Ele usa um shampoo especial para caspa".

Além disso, você pode descrever o estado do seu cabelo usando as seguintes expressões:

"I have oily hair" Significa 'Eu tenho cabelo oleoso'.
"I have frizzy hair" Significa "Eu tenho cabelo encrespado".
"I have dry hair" Significa 'Eu tenho cabelo seco'

CABELO CHANEL
Como dizer "cabelo estilo chanel" em inglês

Você quer saber como chamamos em inglês o famoso corte de cabelo **'cabelo chanel?'** Em inglês, esse estilo é conhecido como **'Bob hair'**. Dizem que nunca sai de moda. Além disso, se você está planejando em mudar o visual, é importante conhecer algumas outras palavras relacionadas a cabelo em inglês. Por exemplo, se você quiser uma franja, fale **'Bangs'**. Para um corte feito com máquina, se você quiser um corte todo na maquina é só falar para o cabeleireiro **'Buzz cut'**. Se seu cabelo é longo, pode shamar de **'Long hair** ou **long-haired'**. E para as cores de cabelo, temos **'Dark hair ou dark-haired '** para cabelo escuro, **'Bleached hair'** para cabelo descolorido, **'Blond hair'** para cabelo loiro, **'Fair hair'** para cabelo claro, **'Ginger'** para cabelo ruivo, **'Brown hair'** para cabelo castanho, e **'Gray hair'** para cabelo grisalho. Em relação à forma do cabelo, fale **'Straight hair'** para cabelo liso, **'Wavy hair'** para cabelo ondulado, e **'Curly hair'** para cabelo cacheado. Para os estilos de cabelo, **'Braid'** ou **'plait'** é trança, **'Cornrows'** são aquelas trancinhas feitas próximas ao couro cabeludo, **'Bun'** é coque, **'Ponytail'** é rabo de cavalo, **'Shaved'** é raspado, e para quem gosta de corte militar é só dizer **'Crew cut'**. Se você colocou na cableça que quer fazer algum serviço no cabelo, como **'Highlights'** (luzes), **'Dye your hair'** (pintar os cabelos) ou **'Bleach your hair'** (descolorir os cabelos), é bom saber essas palavras em inglês para se comunicar melhor no salão de beleza! Agora vamos de frases para praticarmos:

I'm planning to get a bob hair. What do you think? Estou planejando em fazer um cabelo chanel. O que você acha?

She decided to change her look and got Bangs. / Ela decidiu mudar o visual e fez uma franja.

He prefers a Buzz cut because it's easy to maintain. / Ele prefere um corte de cabelo com máquina porque é fácil de manter.

Her Fair hair looks beautiful in the sunlight. / Eu cabelo claro fica lindo no sol.

He has always wanted ginger hair like his favorite movie star. / Ele sempre quis ter cabelo ruivo como seu ator favorito.

I dyed my brown hair black for a change. / Eu pintei meu cabelo castanho de preto para mudar um pouco.

He prefers a crew cut because it's low maintenance. / Ele prefere um corte militar porque é fácil de cuidar.

She has long-haired. / Ela tem cabelos longos e escuros

BOA NOITE

Como dizer "boa noite, tchau, até mais" em inglês

As Aventuras de Benjamin: Um 'Boa Noite' Inesperado em Londres

Em uma tarde nublada típica de Londres, Benjamin, um brasileiro cheio de carisma e confusões linguísticas, decidiu vivenciar a cultura de um pub inglês tradicional após um dia inteiro explorando a cidade. Ansioso para praticar seu inglês, ele atravessou as portas do estabelecimento com um entusiasmo que só um turista pode ter e proclamou: **"Good night, everyone!"**

Num instante, o burburinho do pub cessou. Os clientes, com seus **pints "copos"** a meio caminho dos lábios, trocaram olhares confusos. O anúncio de Benjamin ecoou pelo local como o sino de uma igreja num vilarejo silencioso. Uma senhora parou de narrar sua história, um grupo de amigos pausou sua risada, e um cavalheiro no balcão deixou seu dardo suspenso no ar. Será que estavam sendo dispensados mais cedo? As portas iriam se fechar? Ou teriam, sem perceber, ultrapassado algum limite britânico não escrito?

A senhora atrás do balcão, com uma expressão que misturava diversão e curiosidade, decidiu intervir. **"Darling,"** ela disse, com uma voz que soou como um sino de som suave, "aqui, **'good night'** é nossa maneira de dizer tchau, adeus, sabe? Quando você diz isso, parece que está nos mandando para casa ou dizendo que a festa acabou!"

Benjamin corou, uma cor tão viva quanto as luzes do teatro no West End, e riu da própria gafe. "Ah, na minha terra é **'boa noite'** pra tudo!", ele exclamou, e com um gesto amigável e um brinde, ele corrigiu: "Então, **let's try again: Good evening!**"

A atmosfera de tensão se desfez tão rápido quanto surgiu, e as risadas voltaram a preencher o ambiente. Benjamin, agora o astro da noite, foi cercado por histórias de mal-entendidos semelhantes de outros clientes, fazendo-o sentir-se em casa.

Finalmente, quando as horas avançaram e o último **'last call'** foi anunciado, Benjamin se levantou com a confiança de quem aprendeu algo valioso. **"Good night, my new friends!** Agora eu sei quando usar isso da maneira certa!", ele disse, recebendo aplausos calorosos.

E enquanto caminhava pelas ruas de Londres, sob o céu estrelado, Benjamin sorriu, sabendo que agora tinha uma nova história para contar. Uma história sobre como uma saudação errada abriu portas para o riso, a compreensão e a verdadeira hospitalidade britânica.

EU ESTIVE EM ALGUM LUGAR

Como dizer "Estive em algum lugar, passei por algum lugar" em inglês

Numa noite estrelada em Los Angeles, João estava em um terraço, rodeado por um grupo de amigos internacionais. Entre goles de uma cerveja local, ele se animou para compartilhar experiências de suas viagens pelo mundo.

"Man, I have gone to New York..." João exclamou com um entusiasmo contagiante, gesticulando com as mãos como se pintasse a cidade no ar. Mark, o anfitrião americano com um dom para contar histórias, arqueou a sobrancelha e disse em tom de brincadeira, **"Uau, "Você foi e decidiu nunca mais voltar? Estamos sentindo sua falta, amigo!"**

E todos riram preenchendo o espaço com uma energia leve. João, captando a essência da piada, deu um tapinha na testa numa epifania dramática e disse, "Eita, cara, então me expressei mal. Queria dizer **'I have been to New York'** Ele riu, inclinando-se para frente, **"Eu viajo, volto, e veja só, estou aqui com vocês, sem nenhum truque de mágica!"**

Com a atenção do grupo, Mark, apoiando-se na balaustrada, esclareceu, "Sabe, pessoal, **'I have gone to New York'** dá a entender que o João está lá neste exato momento, talvez correndo no Central Park. **'I have been to New York'**, por outro lado, mostra que ele já esteve lá, mas agora está aqui, compartilhando essa noite conosco."

João, entrando na onda, fingiu uma revelação dramática, "Então, dizer **'I have gone to the Golden Gate'** faria vocês pensarem que estou pendurado na ponte, mandando um 'alô' de São Francisco?" As risadas cresceram, e alguém brincou dizendo que iria verificar as câmeras ao vivo para procurar por ele.

A importância de estudar o **present perfect** ficou clara para João e seus amigos. Essa forma verbal, que pode parecer simples, carrega nuances que afetam significativamente o significado de uma frase. O episódio divertido reforçou para todos a relevância de compreender as sutilezas do tempo verbal, mostrando que o domínio do **present perfect** é crucial para se expressar corretamente e evitar mal-entendidos, tornando a aprendizagem do inglês uma experiência mais rica e precisa.

VOU DEIXAR PASSAR DESSA VEZ

Como dizer "deixar passar, ignorar, fazer vista gorssa" em inglês

Em uma típica tarde de sábado em **Dublin**, um grupo de amigos brasileiros reunia-se para um piquenique no **Phoenix Park**. Eles estavam na Irlanda para um intercâmbio e aproveitavam cada momento para praticar inglês. Lucas, sempre quenro mostrar suas habilidades no inglês, tinha algo especial para ensinar naquele dia.

"Galera, sabem como dizer **'vou deixar passar dessa vez'** em inglês?" perguntou Lucas, enquanto abria uma garrafa de cidra irlandesa.

Na terra do tio Sam, você pode usar **"I'll give you a pass this time"**, explicou ele, fazendo um gesto de árbitro. "Ou **'I'll overlook it this time'"**, acrescentou, fingindo olhar através de um binóculo imaginário.

E na Inglaterra? "Os britânicos dizem **'I'll turn a blind eye this time'"**, disse Lucas, cobrindo um olho com a mão. "Tem também **'I'll let you off this time'"**, complementou, imitando um guarda real inglês.

Na Austrália, a galera fala **"I'll let it go this time"**, comentou Lucas, jogando uma folha ao vento. "E **'I'll ignore it this time'"**, concluiu, virando a cabeça de forma teatral.

Os amigos riram e aplaudiram a criatividade de Lucas.

"Que tal fazermos um acordo?" sugeriu Lucas. "Se alguém errar o inglês hoje, eu vou deixar passar. Mas só por hoje, beleza?"

O piquenique continuou com muita descontração, aprendizado e algumas escapadas linguísticas que, naquela tarde irlandesa, foram carinhosamente deixadas de lado pelo professor Lucas.

Claro! Aqui estão as frases com traduções e a indicação do país onde a expressão é comumente usada:

EUA/Canadá: I'll give you a pass this time.

- I accidentally spilled juice on your English book, but I promise it was an accident! / Derrubei suco no seu livro de inglês, mas prometo que foi sem querer!"

- Alright, I'll give you a pass this time. But next time, you're helping me with maths!" / "Tudo bem, eu vou deixar passar dessa vez. Mas da próxima, você vai me ajudar com matemática!

EUA/Canadá: I'll overlook it this time.

- I forgot to bring the snacks for our study picnic. / Esqueci de trazer os salgadinhos para o nosso piquenique de estudos.

- I'll overlook it this time. But only because you brought the cider! / Vou fingir que não vi dessa vez. Mas só porque você trouxe a cidra!

Reino Unido: I'll turn a blind eye this time.

- I think I accidentally deleted your high score on the English word game." / Acho que sem querer deletei seu recorde no jogo de palavras em inglês.

- I'll turn a blind eye this time. But only because you're good at helping me with pronunciation! / Vou fazer vista grossa dessa vez. Mas só porque você é bom em me ajudar com a pronúncia!

Reino Unido: I'll let you off this time.

- I forgot to tell you we changed the location for our English practice meetup. / "Esqueci de te avisar que mudamos o local do encontro para praticar inglês."

- **Alright, I'll let you off this time. But next time, you're paying for the coffees!** / Tudo bem, vou deixar passar dessa vez. Mas na próxima, você paga os cafés!

Austrália: I'll let it go this time.

- **I confess I used your English dictionary as a support for my wobbly table.** / Confesso que usei o seu dicionário de inglês como apoio para minha mesa manca.
- **I'll let it go this time. But I hope my grammar doesn't become unstable too!** / Vou relevar dessa vez. Mas espero que minha gramática não fique instável também!"

EXPLORANDO GÍRIAS ÍNTIMAS
Como dizer Como você cria "pentelho" em inglês?

Aventuras Linguísticas: Marcelo e as Gírias Inglêsas

Era uma típica tarde de quarta-feira, e Marcelo, professor de inglês há mais de uma década, decidiu que era hora de mergulhar no mundo das gírias com sua turma de adultos. "Vocês sabiam que em inglês, **'pubes'** e **'bush'** se referem aos pelos pubianos?", perguntou ele, provocando risadas e olhares surpresos.

"Mas cuidado, pessoal," ele continuou, "algumas palavras têm pesos diferentes dependendo do contexto. **'Bush'** pode soar mais pesado, então é melhor não sair por aí falando isso sem pensar."

Marcelo, conhecido por seu bom humor, adicionou: "E aqui no Brasil, a gente também tem nossas expressões peculiares, né? Mas vamos manter o nível aqui na sala, só pensar, sem falar!"

A aula seguiu animada, com Marcelo compartilhando mais exemplos e os alunos participando ativamente, discutindo o uso de gírias em situações do dia a dia. No final, todos saíram com um sorriso no rosto, prontos para enfrentar o mundo com um novo arsenal de gírias, graças às lições divertidas e esclarecedoras de Marcelo.

MAMÃO COM AÇUCAR

Como dizer "moleza, mel na chupeta, como tirar doce de criança" em inglês

Em inglês, quando queremos dizer que algo é muito fácil de fazer, temos uma variedade de expressões divertidas e coloquiais à nossa disposição. A mais famosa delas, sem dúvida, é **"a piece of cake"**. Imagine você dominando essa língua tão rica, chegando em um teste e dizendo: **"That test was a piece of cake!"** - Esse teste foi moleza!

Mas não para por aí. Outra expressão que capta essa ideia de simplicidade é **"as easy as pie"**, que curiosamente também usa uma referência a um doce para ilustrar a facilidade. Se você conseguiu configurar seu novo smartphone sem ajuda, poderia comentar: **"Setting up this phone was as easy as pie!"** - Configurar esse telefone foi mamão com açúcar!

E que tal **"a walk in the park"**? Essa é para você usar quando algo não só é fácil, mas também agradável. Ao terminar uma corrida que você achou surpreendentemente tranquila, poderia dizer: **"That run was a walk in the park!"** - Essa corrida foi como tirar doce de criança!

Para os fãs de esportes, há **"a slam dunk"**, que vem do basquete e sugere algo tão certo de conseguir quanto um enterrada próxima ao cesto. Se seu amigo duvida que você pode ganhar no jogo de tabuleiro, você poderia afirmar: **"Winning this game? It's a slam dunk!"** - Ganhar esse jogo? É mel na chupeta!

Por fim, não podemos esquecer de **"child's play"**, que literalmente significa "brincadeira de criança", usada para descrever tarefas extremamente simples. Se você é um expert em tecnologia ajudando alguém com uma tarefa básica, poderia dizer: **"Don't worry, solving this is child's play for me!"** - Não se preocupe, resolver isso é brincadeira de criança para mim!

Essas expressões são não apenas úteis, mas também adicionam um toque de cor e diversão ao seu inglês. Usá-las em conversas faz você soar mais natural e mostra que você tem um bom domínio das nuances do idioma.

VOCÊ É A MENINA DOS MEUS OLHOS

Como dizer "a menina dos meus olhos, meu xodó" em inglês

Explorando a expressão "the apple of my eye" e sua rica tapeçaria de significados!

A expressão **"the apple of my eye"** tem raízes profundas na cultura inglesa e carrega um simbolismo especial ligado à resistência e renovação. Historicamente, os ingleses não possuíam tecnologia meteorológica avançada para prever os longos e duros invernos, aliás, ninguém naquela época possuía. Nesse contexto, a macieira tornava-se um símbolo de esperança e sobrevivência. Quando as macieiras começavam a florir, era um sinal de que o inverno intenso estava acabando e que a primavera estava chegando, trazendo renovação após a adversidade.

Tradução e Significado:

Em português, **"the apple of my eye"** é frequentemente traduzido como **"a menina dos meus olhos"**, ou, como os nordestinos falam, **"meu xodó"**. Essa expressão é usada para referir-se a algo ou alguém extremamente precioso e querido, destacando a importância e o carinho que o falante tem pelo referido.

Presença na Literatura Sagrada:

A expressão também é notória por sua presença na Bíblia, onde simboliza algo extremamente valioso e digno de proteção. Por exemplo, no Livro de Deuteronômio 32:10, é usada para descrever a preciosa relação entre Deus e Seu povo: **"He guarded him as the apple of his eye"** "Ele o protegeu como a menina dos seus olhos." Esta referência bíblica adiciona uma camada de sacralidade e profundidade ao termo, reforçando seu uso para descrever algo inestimavelmente valioso.

Essas nuances tornam o uso de **"the apple of my eye"** uma maneira rica e emocionalmente carregada de expressar um profundo afeto. Incorporar expressões como essa no seu inglês não apenas mostra fluência, mas também uma apreciação pela cultura e história que moldam o idioma.

O RALO ESTÁ ENTUPIDO

Como dizer "ralo entupido" em inglês

Numa tarde de céu claro em um bairro tranquilo de Minas Gerais, a casa de Dona Maria, com sua vibrante fachada amarela, destaca-se pela alegria que irradia. O **front porch (a varanda da frente)** é adornado com vasos de **geraniums (gerânios)** e **petunias (petúnias)**, que convidam todos a entrar e desfrutar de uma boa prosa.

Ao passar pela **front door (porta da frente)**, somos recebidos pelo acolhedor **living room (sala de estar)**, onde um **sofa (sofá)** de **soft fabric (tecido suave)** e **comfortable armchairs (poltronas confortáveis)** cercam uma lareira, criando um ambiente perfeito para relaxar. As paredes são **adorned (enfeitadas)** com quadros de paisagens locais e uma grande **bookshelf (estante de livros)** que guarda histórias de várias gerações.

Ao lado, a **kitchen (cozinha)** exala o aroma de pão de queijo **freshly baked (recém-assado)**. Os **cabinets (armários)** de madeira guardam **fine china (porcelanas finas)** e um antigo **coffee maker (cafeteira)** prateado. O **stove (fogão)**, sempre pronto para o próximo prato, promete delícias caseiras.

Do **bathroom (banheiro)** adjacente, ocasionalmente vem o som da **faucet (torneira)** pingando. No banheiro, encontramos **towels (toalhas)** macias sobre o **towel rack (toalheiro)** e um **drain (ralo)** que, infelizmente, às vezes fica **clogged (entupido)**.

Através da **back door (porta dos fundos)**, chegamos ao espaçoso **backyard (quintal)**, onde **garden chairs (cadeiras de jardim)** estão dispostas sob um **gazebo**. Aqui, as crianças brincam ao redor de um **swing set (conjunto de balanços)**, enquanto os adultos desfrutam do ar fresco perto do **birdbath (banho de pássaros)**.

Subindo as **stairs (escadas)** com um corrimão de madeira polida, encontramos os **bedrooms (quartos)**, cada um com sua decoração única. O quarto de Dona Maria tem uma confortável **bed (cama)** com uma colcha de patchwork, um **nightstand (criado-mudo)** com uma **lamp (lâmpada)** de abajur antigo, e uma **window (janela)** que oferece uma vista panorâmica para o pôr do sol atrás das montanhas.

Ao final do dia, quando o sol se põe e as luzes da **porch light (luz da varanda)** se acendem, a casa se transforma em um santuário de paz e memórias. Aqui, cada canto conta uma história e cada espaço é uma celebração da vida familiar e da rica cultura local.

A FAZENDINHA
Como dizer "fazenda" em inglês

Num sábado ensolarado, resolvi fugir da rotina e visitar a **fazendinha (little farm)** do Seu Manuel. Ali, cada criatura era um personagem de uma história encantada, e a vida rural desenrolava-se como uma peça teatral.

Logo na entrada, um concerto de **squeaks (gritos agudos)** dos **guinea pigs (porquinhos-da-índia)** me saudou, e um grupo de **sheep (ovelhas)** se aproximou com **baas (balidos)** curiosos. Um **lamb (cordeiro)**, com suas **long ears (orelhas longas)**, olhava para mim como se perguntasse: **"Novo por aqui?"**

Seguindo pelo caminho de terra, observei os **chicks (pintinhos)** perseguindo **chickens (galinhas)** preocupadas, e um imponente **bull (touro)** contemplava a cena com um ar de realeza campestre. Um **turkey (peru)**, alheio ao seu destino, passeava vistosamente pelo campo, arrancando **gobbles (gluglus)** do grupo de **geese (gansos)** ao redor.

Ducks (patos) nadavam tranquilamente no lago, ignorando os **gerbils (gerbos)** que corriam em suas rodas com entusiasmo. Um **mouse (rato)** se aventurava pelos cantos do celeiro, enquanto Seu

Manuel avisava com um sorriso maroto: "Fique de olho nos rats **(ratos gaburu)**.

Um **ferret (furão)** espiava do seu túnel, pronto para a próxima travessura. Entretanto, foi o **parrot (papagaio)** que roubou a cena, proclamando em alto e bom som para o **turkey (peru)** que passeava despretensioso: " **"Dude, book it! Thanksgiving's rolling up!"** "Mano, foge! o Thanksgiving está chegando". As risadas se espalharam entre os visitantes enquanto o papagaio continuava fazendo todos imaginarem o peru em fuga heróica.

Num canto, um **gecko (lagartixa)** observava tudo com seus olhos vigilantes, quase invisível entre as folhas.

A visita à fazendinha do Seu Manuel foi uma verdadeira ode à simplicidade e ao charme do campo, onde cada animal, com sua natureza única e suas vocalizações características, tornou o dia memorável e repleto de gargalhadas. Veja abaixo lista de outros animais que estavam de férias:

Tortoises (tartarugas)
Gecko (lagartixa)
Bull (touro)
Gerbil (gerbo)
Horse (cavalo)
Donkey (burro)
Pig (porco)
Cow (vaca)
Goat (cabra)
Rabbit (coelho)
Dog (cão)
Cat (gato)

Birds (incluindo variedades locais e migratórias que visitam a fazenda) **Insects and bugs** (como **butterflies (borboletas), bees (abelhas), e ladybugs (joaninhas).**

ATACANTE, ZAGUEIRO

Como dizer "atacante, meio campo, zagueiro" em inglês

Era um dia ensolarado perfeito para o clássico de futebol no estádio local, conhecido por sua imensa **stand (arquibancada)** e o sempre giratório **turnstile (catraca)**. A partida era entre o time local e seu eterno rival, em um **away game (jogo fora de casa)** para os visitantes, que não pareciam muito intimidados pelo **home game (jogo em casa)** do adversário.

Antes **do kick-off (pontapé inicial)**, os jogadores faziam seu **warm-up (aquecimento)**, enquanto os **fans (torcedores)** ocupavam suas posições nas **stand (arquibancadas)**, cada um mais ansioso que o outro.

O jogo começou acirrado, com o **midfielder (meio-campista)** do time da casa fazendo um **pass (passe)** espetacular para o **forward (atacante)**, que com um **bicycle kick (bicicleta)** quase marcou um **goal (gol)** espetacular, mas a bola bateu no **cross-bar (travessão)** e saiu.

Entretanto, o humor dos **fans (torcedores)** mudou quando o **referee (árbitro)** começou a fazer algumas decisões controversas, marcando **fouls (faltas)** questionáveis e ignorando um claro **offside (impedimento)**. A torcida começou a **boo (vaiar)** cada vez que o árbitro usava seu **whistle (apito)**, e gritos de **"You're cheating!"** "Você está roubando!" Ecoava no estadium.

Durante o **second half (segundo tempo)**, um **defender (zagueiro)** foi **booked (levou cartão)** com um **yellow card (cartão amarelo)** por um **sliding tackle (carrinho)** que parecia limpo. Isso levou ao ápice da partida quando, após uma falta duvidosa dentro da **penalty area (grande área)**, o árbitro concedeu um **penalty kick (cobrança de pênalti)** para o time visitante.

O **goalkeeper (goleiro)** do time da casa se preparou, mas não conseguiu **save (defender)** o **shot (chute)**, e o gol foi marcado. Os **fans (torcedores)**, furiosos, começaram a especular se o árbitro não teria algo contra o seu time, talvez uma aposta clandestina ou uma antipatia antiga.

Após o **final whistle (apito final)**, que confirmou a derrota do time da casa, o técnico deu uma entrevista dizendo, Acho que o **ref (árbitro)** deveria ganhar uma bola, porque ele definitivamente foi o **striker (atacante)** do outro time hoje!"

Com o jogo terminado, os torcedores deixaram o estádio ainda debatendo as decisões do árbitro, prometendo que na próxima partida trariam cartazes dizendo **"Ref, let the players decide the game!"** "Juiz, deixe os jogadores decidirem o jogo!" A partida foi mais do que um simples jogo; tornou-se uma lenda local sobre como o árbitro quase virou o **man of the match** (homem do jogo) pela razão errada.

Sobre o juiz está roubando

"You're cheating!" é uma expressão comum em inglês usada para acusar alguém de jogar de maneira desonesta ou injusta em contextos esportivos, incluindo partidas de futebol. No entanto, especificamente em relação a um árbitro em um jogo de futebol, pode-se usar também **"You're biased!"** se a acusação for de parcialidade ou favorecimento indevido. Outra opção seria **"The ref is rigging the game!"** para expressar que o juiz está manipulando o resultado do jogo. Essas expressões refletem o descontentamento dos torcedores com as decisões do árbitro durante a partida.

CASQUINHA DE SORVETE
Como dizer "casquinha de sorvete, canudo, vitamina" em inglês

Em um dia quente de verão, Gabriel decidiu que uma visita à sorveteria local **"Polo Norte"** era exatamente o que precisava para se refrescar. Ao entrar, ele foi recebido por uma explosão de ar frio e um colorido desfile de sorvetes e **smoothies (vitaminas)**.

Gabriel caminhou até o balcão, onde um arco-íris de opções de sorvete o aguardava. "Eu vou querer um **mixed-flavor ice cream** (sorvete misto) na **cone** (casquinha), por favor," ele escolheu, indicando os sabores de chocolate e baunilha. O atendente, muito educado, preparou seu pedido habilmente.

Enquanto esperava, Gabriel notou os **smoothies** sendo preparados e decidiu adicionar um **avocado smoothie** (vitamina de abacate) ao seu pedido. "E poderia me dar um desses com um **straw** (canudo) para viagem?" ele perguntou. O atendente e logo preparou a **smoothie** (vitamina) cremosa em um copo grande com um canudo.

Quando chegou a hora de pegar seu sorvete, o atendente ofereceu uma **wooden ice cream spoon** (pazinha de madeira para sorvete). **"It's perfect for enjoying your ice cream without making a mess."** "É perfeita para saborear seu sorvete sem fazer bagunça," explicou. Gabriel aceitou, agradecendo pela dica, e levou seu sorvete e smoothie para uma mesa ao ar livre.

Sentado sob um guarda-sol colorido, ele alternava entre sorver seu **smoothie** e saborear seu sorvete com a **wooden spoon**. A combinação dos sabores de chocolate e baunilha era divina, e a pazinha de madeira fazia toda a diferença, evitando que seus dedos ficassem pegajosos.

"The avocado is amazing, isn't it?" "O abacate é incrível, né?" o atendente chamou de dentro da sorveteria, observando Gabriel apreciar a bebida.

"Sure," (claro) Gabriel concordou, levantando o copo em um brinde silencioso à sua escolha acertada.

Satisfeito com suas escolhas refrescantes, Gabriel se sentia revigorado para continuar seu dia. A sorveteria **"Polo Norte"** tinha sido o lugar perfeito contra o calor.

QUANTO TEMPO, EIN"

Como dizer "Há quanto tempo nós não nos vemos, Há quanto tempo você não vem aqui?" em inglês

Num típico pub inglês em Londres, o cenário estava perfeitamente montado para um reencontro de velhos amigos de faculdade.

Sarah e James chegaram primeiro. Ambos tinham estudado juntos e mantido contato, mas fazia anos que não viam os outros do grupo. Ao se aproximarem do pub, uma sensação de nostalgia os invadiu, lembrando-os das noites de estudante. **"It's been a while!"** (Faz tempo!), exclamou Sarah ao ver o antigo ponto de encontro. James riu, acrescentando, **"Haven't seen this place in ages!"** (Não vejo este lugar há séculos!).

Logo depois, chegou Tom, sempre o atrasado do grupo. Ao vê-lo, James brincou, **"Where have you been hiding?"** (Onde você esteve se escondendo?), e todos riram enquanto se abraçavam calorosamente. Tom, com seu habitual bom humor, respondeu: **"Just navigating through life, you know how it is."**

Quando Liz e Mark entraram, Sarah gritou animadamente, **"Long time no see!"** (Quanto tempo, hein!). Essa saudação capturou perfeitamente o sentimento de todos. Liz, com sua energia contagiante, disse rindo, **"Look what the cat dragged in!"** (Olha só quem apareceu!), apontando para os outros. Mark, sempre o mais reservado, apenas acenou com um sorriso tímido.

As conversas começaram a fluir como se nenhum tempo tivesse passado. **"How long has it been?"** (Quanto tempo faz?), perguntou Liz, puxando uma cadeira. Eles começaram a contar histórias de suas vidas após a universidade, rindo de aventuras passadas e compartilhando as novas.

Ao longo da noite, conforme as lembranças eram compartilhadas e as bebidas continuavam a chegar, a sensação de familiaridade e conforto só crescia. Sarah, olhando ao redor, disse em tom afetuoso, **"You've been missed!"** (Você fez falta!), expressando o sentimento mútuo de saudade que todos sentiam.

A noite avançava e os laços se fortaleciam novamente. Entre **"toasts"** (brindes) e histórias, o grupo prometeu não deixar tanto tempo passar novamente. **"each farewell"** (A cada despedida), era claro que, apesar das direções diferentes que suas vidas haviam tomado, a amizade permanecia intacta.

Ao final, enquanto se despediam, houve uma promessa coletiva de mais encontros como aquele, talvez não no mesmo pub, mas com o mesmo espírito de camaradagem que só velhos amigos podem compartilhar. E assim, sob o céu estrelado de Londres, o reencontro chegou ao fim, deixando para trás um rastro de memórias renovadas e a certeza de novos encontros.

TÔ CAGANDO E ANDANDO

Como dizer "dane-se, puta que pariu" em inglês

Compreender a importância dos palavrões em uma língua não é apenas sobre saber usá-los, mas também sobre entender o contexto cultural em que estão inseridos. Mesmo que você prefira manter seu vocabulário limpo e livre de palavras ofensivas, é essencial reconhecer e entender essas expressões. Afinal, **controlamos o que falamos, mas não o que ouvimos.** Saber o significado desses termos pode evitar situações constrangedoras, como agradecer a alguém por um insulto, pensando que foi um elogio.

Vamos mergulhar nesse universo linguístico com um toque de humor e uma pitada de precaução, porque, afinal, estamos lidando com palavras poderosas!

Começando pelo clássico **"fuck"**. Essa é a estrela do show quando se trata de palavrões em inglês. Utilizado tanto como verbo, substantivo, ou até interjeição, **"fuck"** é incrivelmente versátil. Imagine que você acaba de levar uma topada ou bater o dedo do pé na quina da mesa. A primeira coisa que você provavelmente diria é **"Fuck!"** (Puta que pariu!), um desabafo que, curiosamente, pode ser terapêutico.

Mas não para por aí. Se você quer expressar uma frustração profunda ou desinteresse, **"fuck it"** se encaixa perfeitamente. Em um dia em que nada parece dar certo, você pode simplesmente jogar as mãos para o alto e dizer **"Fuck it"** (Tô cagando e andando), uma maneira de se liberar das preocupações com um toque de rebeldia. E quando você realmente **"doesn't give a damn"** (não dá a mínima, ou poder ser também "tô cagando e andando), essa expressão comunica perfeitamente sua total indiferença à situação.

Agora, se você está realmente impressionado com algo negativamente, a expressão **"Holy shit!"** (Puta merda, puta que pariu!) vem a calhar. É como se cada palavra carregasse um pouco do seu espanto e incredulidade, perfeita para aqueles momentos em que a vida lhe surpreende de maneiras nem sempre agradáveis.

Para os momentos de puro desdém ou quando algo realmente ruim acontece, **"Fuck this shit"** (Dane-se, foda-se) é uma escolha comum. Suponha que seu computador trava justo quando você não salvou aquele documento importante. Bater na mesa e gritar **"Fuck this shit!"** pode não salvar seu trabalho, mas certamente alivia um pouco a frustração.

E, claro, há momentos em que precisamos pedir desculpas pelo nosso palavrão. **"Excuse my French"**, que literalmente significa **"Desculpe o meu francês",** é uma expressão irônica usada quando soltamos um palavrão, quer dizer **"com o perdão da palavra"** ou **"desculpe o palavrão"**. Por exemplo, após um desabafo, você pode adicionar um educado **"Excuse my French"** (**Com o perdão da palavra**), para suavizar o impacto das suas palavras.

Adentrar no território dos palavrões em inglês é entender que, embora possamos controlar o que dizemos, nem sempre podemos prever o que ouviremos. Conhecer essas expressões não só equipa você com um vocabulário mais autêntico mas também o prepara para não ser pego de surpresa em conversas mais calorosas.

Portanto, enquanto você se aventura pelo aprendizado do inglês, lembre-se: palavras têm poder, e os palavrões, bem, eles têm um superpoder especial. Use-os com sabedoria e, quando necessário, sempre com um bom **"Excuse my French"** à mão para manter a etiqueta. E assim, com humor e um novo arsenal linguístico, você está pronto para enfrentar tanto os momentos de tensão quanto os de descontração.

VOU COLOCAR O BEBÊ PARA DORMIR

Como dizer "colocar o bebê para dormir" em inglês

Numa noite tranquila em Cambridge, Laura, uma jovem mãe brasileira recém-chegada ao Reino Unido, se preparava, ansiosa, para sua primeira interação social num grupo de mães locais. As crianças brincavam ao fundo, enquanto um aroma suave de chá de camomila preenchia a sala confortável, onde cada mãe compartilhava suas experiências e rotinas de dormir dos filhos.

Quando chegou a sua vez, Laura, querendo compartilhar um pouco sobre sua rotina com o pequeno Miguel, acabou por dizer algo que pausou brevemente a conversa agradável. Com um inglês ainda não tão perfeito e polido, ela anunciou: **"I'm going to put the baby to sleep now, I will be back in a second,"** uma frase que, em sua mente, significava apenas que ela iria rapidamente colocar Miguel na cama e retornar. No entanto, o uso de **"put the baby to sleep"** junto com a promessa de **"be back in a second"** (voltar em um segundo) provocou uma série de olhares confusos e preocupados das outras mães.

Percebendo o silêncio e as trocas de olhares, Sophie, sempre pronta para dissipar tensões com seu humor britânico, não perdeu a chance de esclarecer a situação com um toque de comédia. **"Oh, Laura! While we love that you're getting into the bedtime routine, just a little heads-up, dear,"** começou ela, com um sorriso amistoso. **"Saying 'to put the baby to sleep' might sound to us like you're planning a quick rear naked choke on him! Especially if you say you'll be back in a second!"**

"Oh, Laura! Amamos que esteja se adaptando à rotina da hora de dormir, só um aviso, querida," começou ela, com um sorriso amistoso. "Dizer **'to put the baby to sleep'** pode soar para nós como se você estivesse planejando dar um **'mata-leão'** nele! Especialmente se você diz que vai voltar num instante!"

A sala, inicialmente tensa, explodiu em risadas. Laura, inicialmente corada, logo se juntou, aliviada pela correção humorística. **"Oh my! I meant I was just going to tuck him in quickly and join you again. English can be so tricky!"** (Oh, céus! Eu quis dizer que só ia ajeitá-lo rapidamente na cama e voltar. O inglês é muito complicado!), ela respondeu, agora mais relaxada.

"Sophie, aproveitando o momento educativo, acrescentou de forma educada: **"It's totally fine, Laura. Here, we might say 'put the children to bed' when it's just about getting them ready for sleep without the implication of... well, you know, anything final!"**

"Sophie, aproveitando o momento educativo, acrescentou gentilmente: 'Está tudo bem, Laura. Aqui, nós costumamos dizer **'put the children to bed'** 'colocar as crianças na cama' quando se trata apenas de prepará-las para dormir, sem a implicação de... bem, você sabe, nada!'"

A noite seguiu com mais histórias e conselhos compartilhados, com a gafe de Laura se tornando um momento querido e engraçado do encontro. A experiência não só ajudou Laura a melhorar seu inglês, mas também a fortalecer laços com o grupo, mostrando como pequenos erros em inglês podem ser pontes para novas amizades e muitas risadas.

SOLUÇAR, ARROTAR
Como dizer "soluçar, arrotar" em inglês

Numa tarde de sol num parque de Boston, um grupo de amigos brasileiros reunia-se para um piquenique, celebrando o fim de mais um semestre universitário. Enquanto desfrutavam de sanduíches e refrigerantes, a conversa fluía entre risadas e relatos de situações embaraçosas relacionadas a certos costumes que, bem, nem sempre são tão aceitos em público nos Estados Unidos e nem no Brasil.

Rodrigo, sempre o mais engraçado do grupo, não perdeu a chance de contar uma história recente: "Então, eu estava na biblioteca, super concentrado, quando, **by accident**, (sem querer) deixei escapar um alto **belch** (arroto)." Ele demonstrou, para o horror e o divertimento dos amigos. "Eu disse **'Excuse me!'** bem rápido, mas vocês sabem como é quieto lá... foi como anunciar minha gafe para o mundo todo!"

Lívia, com uma expressão divertida, acrescentou sua própria experiência com **hiccups** (soluços). "E os soluços? Semana passada, durante uma apresentação, **I started hiccuping** (comecei a soluçar). Tentei segurar, mas cada **hiccup** (soluço) era mais alto que o outro.

Acho que minha tentativa de ser discreta acabou chamando mais atenção ainda!"

Enquanto eles riam, Carlos, que estava meio calado, deu um grande **yawn** (bocejo), cobrindo a boca com a mão. "Desculpem, pessoal, essa conversa sobre soluços me deu sono," brincou, provocando gargalhadas entre os amigos. "Mas sério, tentem não **yawn** (bocejar) numa reunião com o chefe. Não é visto como algo educado, mesmo que você explique que é só cansaço."

Juliana, que tinha uma tosse irritante há dias, aproveitou o momento para compartilhar: "E tossir? Estou com essa **cough** (tosse) que não passa. Outro dia tentei suprimir uma tosse durante um concerto e quase explodi. Quando finalmente tossi, parecia que estava interrompendo a sinfonia!"

Entre conselhos para manter a etiqueta e compartilhar remédios caseiros para **coughs** (tosses) e **hiccups** (soluços), eles continuaram a tarde aproveitando o sol e a companhia, certificando-se de que cada **belch, hiccup,** e **cough** se tornava parte das memórias que construíam juntos, longe de casa, mas sempre perto de boas risadas.

SOVAQUEIRA
Como dizer "sovaqueira, cc" em inglês

Quem nunca entrou em um transporte público ou elevador e foi recebido por uma onda de **B.O.** sovaqueira? Sim, essa é a realidade pouco agradável de enfrentar o cheiro intensivo do suor alheio, uma verdadeira prova de resistência para o nariz.

No reino dos desodorantes, marcas como **Dove** e **Sure** surgem como verdadeiros heróis, prometendo transformar o temido levantar de braços numa ação livre de preocupações. Quando você aplica o **Dove**, é quase como dizer **"Bring it on!"** (Que venha o desafio!), preparado para enfrentar o dia sem temer deixar sua própria marca olfativa.

E quando o assunto é enfrentar a **pit stink** sovaqueira alheia, às vezes é necessário ser direto. Imagine estar ao lado de alguém cujo **pit stink** é tão potente que você considera mudar de vagão. Neste momento, talvez passar discretamente um **Sure** para a pessoa seja uma abordagem mais educada do que um sonoro **"Fuck this stink!"** (Cacete, que sovaqueira).

Claro, sempre há aquele momento em que um amigo precisa de um toque fraterno sobre sua luta contra o **armpit odor** (sovaqueira). Aqui, um bem-humorado **"Excuse my French"** (Desculpe o palavrão), seguido por um sussurro de **"You might want to try this new deodorant I found"** (Talvez devesse experimentar esse novo desodorante que encontrei), pode salvar não apenas o dia, mas também a amizade.

Conhecer essas expressões e saber quando usá-las não só equipa você com um inglês mais autêntico, mas também prepara para não ser pego de surpresa em situações odoriferamente desafiadoras. Então, enquanto você explora essas nuances do idioma, lembre-se de manter o bom humor e um desodorante sempre à mão, porque, como dizem por aí, é melhor prevenir do que remediar!

FILHO DA PUTA, FILHA DA MÃE

Como dizer "sovaqueira, cc" em inglês

Em um Passeio Pelo Lado Mais Picante do Inglês: Gírias Pesadas

Atenção: compreender a importância dos palavrões em uma língua não é apenas sobre saber usá-los, mas também sobre entender o contexto cultural em que estão inseridos. Mesmo que você prefira manter seu vocabulário limpo e livre de palavras ofensivas, é essencial reconhecer e entender essas expressões. Afinal, **controlamos o que falamos, mas não o que ouvimos.** Saber o significado desses termos pode evitar situações constrangedoras, como agradecer a alguém por um insulto, pensando que foi um elogio.

Imagine que você, um brasileiro destemido, está caminhando pelas ruas de Nova York. Você acaba de presenciar uma cena típica de trânsito caótico onde um taxista grita pela janela: **"You scared me, you motherfucker!"** (Você me assustou, seu filho da mãe!). É assim que você é introduzido à gíria **motherfucker**, uma das mais pesadas da língua inglesa.

Enquanto você continua seu passeio, um pedestre tropeça e derruba seu café. Sem perder a pose, ele olha para o responsável e murmura: **"Watch where you're going, you cocksucker!"** (Olha por onde anda, seu filho da puta!). Esta é **cocksucker**, uma gíria bastante ofensiva, usada aqui para expressar desdém e frustração.

Mais adiante, você se encontra em um bar local, onde dois amigos discutem o resultado de um jogo. Um deles bate nas costas do outro e diz, rindo: **"I can't believe you won that bet, you son of a bitch!"** (Não acredito que você ganhou essa aposta, seu filho da mãe!). **Son of a bitch** ou **sonofabitch** pode tanto esquentar os ânimos quanto ser um termo de camaradagem, tudo dependendo do tom usado.

E, claro, não podemos esquecer de **bastard**, uma palavra que oscila entre insulto e um elogio torto. No mesmo bar, um terceiro amigo se junta à conversa e comenta: **"That lucky bastard got front row tickets to the concert!"** (Aquele sortudo conseguiu ingressos para a primeira fila do show!).

Aqui vai uma curiosidade: enquanto em países de língua inglesa chamar alguém de **bastard** pode te render um soco na cara, no Brasil, é bem possível que você ganhe um beijo ou um sorriso. Isso porque, no Brasil, a palavra **bastard** não carrega o mesmo peso de ofensividade que em um país de língua inglesa, transformando o que poderia ser um insulto grave em algo muito mais leve e, às vezes, até carinhoso.

SEU BUNDA-MOLE, SEU MEDROSO

Como dizer "amarelar, bunda-mole" em inglês

Hoje vamos embarcar em uma jornada através das nuances da língua inglesa, abordando uma temática que, embora um pouco delicada, é parte essencial da experiência humana: os diferentes modos de se referir aos... bem, momentos de covardia ou falta de coragem. Prepare-se, pois além de ampliar seu vocabulário, você vai descobrir expressões bem interessantes!

Começamos com o básico, o termo **"chicken"**. Esta é uma maneira leve e bastante comum de chamar alguém de medroso. Imagine que você está em um parque de diversões e decide não ir na montanha-russa mais assustadora. Seus amigos podem brincar dizendo: **"What's the matter, are you chicken?"** ("Qual é o problema, está com medo?"). Simples, eficaz, e ainda carrega um toque de humor.

Para intensificar um pouco, temos "chickenshit". Este termo é mais pejorativo e indica um nível de medo ou covardia considerado desprezível. Se alguém desiste de algo por puro medo, especialmente em situações que exigem um pouco mais de coragem, esse é o rótulo usado. Por exemplo, **"He won't even complain about his order being wrong. He's total chickenshit."** ("Ele nem reclama quando o pedido vem errado. É um verdadeiro covarde.").

Avançando na escala de intensidade, encontramos **"pussy"**. Embora originalmente um termo vulgar e bastante ofensivo, em contextos informais e entre amigos, pode ser usado para indicar que alguém está sendo excessivamente cauteloso ou tímido. **"Don't be such a pussy, just try it!"** ("Não seja um bunda-mole, apenas tente!").

Outro termo que você pode ouvir é **"sissy"**. Ele traz uma conotação de alguém que não só tem medo, mas também falta masculinidade ou força, frequentemente usado para descrever comportamentos não só de medo, mas também de delicadeza excessiva: **"Stop being such a sissy and lift those weights!"** ("Pare de ser tão molenga e levante aqueles pesos!").

E, claro, **"wimp"**, um termo que transmite uma falta de coragem geral, sem a carga ofensiva dos outros. É alguém que simplesmente não consegue enfrentar situações desafiadoras: **"He's too much of a wimp to watch horror movies."** ("Ele é muito medroso para assistir filmes de terror.").

Agora, falando sobre como expressar o oposto, a coragem, a língua inglesa também é rica em expressões. **"Brave e have the ball"** são termo clássicos, claro. Mas se alguém tem **"guts"**, ele tem coragem, um tanto de bravura que merece reconhecimento: **"It took a lot of guts to stand up to his boss like that."** ("Foi preciso ter peito para enfrentar o chefe daquela maneira.").

O phrasal verb **"chicken out"** também merece destaque. Significa perder a coragem (amarelar) no último segundo, algo que muitos podem se identificar em momentos de pressão: **"I was going to skydive, but I chickened out at the last second."** ("Eu ia saltar de paraquedas, mas amarelei no último segundo.").

Assim, ao conversar com falantes nativos ou ao assistir filmes e séries em inglês, estas expressões podem enriquecer sua compreensão e seu uso do idioma. Lembre-se, palavras têm poder, e saber quando e como usar esses termos pode não apenas salvar você de mal-entendidos, mas também arrancar algumas risadas em situações sociais. Então, explore sem medo este vocabulário diversificado e... não seja chicken ao usá-lo!

COROA DE BICICLETA, RAIOS E PARALAMAS

Como dizer "coroa, freio, marçha, raios" em inglês

Naquela manhã de sol, João decidiu que era o dia perfeito para tirar a **bicycle (bicicleta)** da garagem e **cycle (pedalar)** pelo parque. Verificou os **brakes (freios)** para garantir que não daria de cara com a árvore da esquina. As **brake levers (alavancas de freio)** estavam firmes ao toque, e as **brake shoes (pastilhas de freio)**, prontas para qualquer parada de emergência.

Antes de partir, ajustou o **carrier (bagageiro)**, onde levaria seu lanche e o **chain (corrente)**, essencial para o movimento. Deu uma olhada na **chainring (coroa)** e **crankarm (pedivela)** para garantir que a transferência de energia dos pedais seria suave. Não queria sujar a barra da calça, então conferiu se o **fender (paralamas)** estava no lugar.

Depois de encaixar o **fork (garfo)** e conferir a **frame (quadro)**, João foi mexer nos **gears (marchas)**. Ele adorava sentir a troca fluindo sob seus dedos nas **shifters (passadores)** enquanto pedalava.

A segurança é essencial, então ele checou o **handlebar (guidão)** para ter certeza de que poderia guiar sem problemas. Antes de sair, ligou o **headlight (farol dianteiro)** e o **rear light (farol traseiro)**, embora fosse dia, porque segurança nunca é demais.

Ele não esqueceu de verificar a **inner tube (câmara)** dentro do **tire (pneu)** e a **valve (pito)**, para ter certeza de que não haveria surpresas desagradáveis pelo caminho. O **rim (aro)** estava brilhando ao sol, enquanto cada **spoke (raio)** reluzia como uma teia de aranha metálica.

João sempre acomodava seu **saddlebag (alforge)** antes de sair. A **basket (cestinha)**, bem na frente, carregava seu **helmet (capacete)**. Ele dava uma bombada no **tire (pneu)** com a **pump (bomba)** e colocava seu kit de ferramentas no **repair kit (kit de reparos)**, apenas por precaução.

Entre os tipos de bicicleta, João escolheu a **mountain bike (mountain bike)** para a aventura do dia. Ele sabia que uma **electric bicycle (bicicleta elétrica)** seria mais fácil, mas queria sentir o exercício queimando em suas pernas.

Pronto para sair, João lembrou do **dynamo (dínamo)** que alimentava as luzes sem precisar de pilhas, das **gloves (luvas)** que protegiam suas mãos e do **lock (tranca)** que usaria para manter a bike segura no **bike rack (bicicletário)** enquanto desfrutava de um lanche no parque.

Com uma última verificação nos **stabilisers (rodas de apoio)**, que havia retirado do filho mais novo, e na **tire lever (alavanca do pneu)** para trocas rápidas, João sentiu-se como um verdadeiro ciclista. Era hora de enfrentar o dia, com a brisa batendo no rosto e a cidade se abrindo à sua frente sobre duas rodas.

VOCÊ ESTÁ PRESO

Como dizer "você está preso, detido" em inglês

You're under arrest ou "You're arrested?

Em uma tarde movimentada nas ruas de Londres, o detetive John se encontrava em meio a uma operação para capturar um suspeito de furto. Ao avistar o suspeito tentando fugir, John rapidamente se aproximou e, enquanto o alcançava, exclamou firmemente: **"You're under arrest!"** (Você está preso!). Esta frase é crucial, pois comunica oficialmente ao suspeito que ele está sendo detido. É o momento em que o policial impõe sua autoridade legal e informa ao indivíduo sobre suas restrições legais imediatas.

Depois de algemar **"to handcuff"** o suspeito e levá-lo para a viatura **"cop Car"** ou **"squad Car"**, John relatou ao seu superior por rádio: **"The suspect has been arrested and is now waiting in the holding area."** (O suspeito foi preso e agora está na área de detenção). Neste ponto, o uso da expressão **"You're arrested"** indica que o processo de prisão foi efetivamente concluído e o suspeito está fisicamente sob custódia.

A diferença entre **"You're under arrest"** e **"You're arrested"** reside principalmente no contexto de uso. **"You're under arrest"** é usado no momento inicial da detenção para comunicar a prisão, enquanto **"You're arrested"** pode ser referido após a ação, indicando que o indivíduo já está preso e sob controle.

Além disso, durante a abordagem, John teve que dar a "voz de prisão" **(tell somebody they are under arrest)** ao suspeito, que é o termo formal usado para indicar que a pessoa está sendo oficialmente detida e informada de seus direitos. Isso é essencial em casos onde a pessoa é "pega em flagrante" **(caught red-handed)**, garantindo que todos os procedimentos legais sejam seguidos corretamente.

Assim, ao compreender essas nuances, tanto os cidadãos quanto os profissionais de segurança podem garantir que os direitos sejam respeitados e que o processo judicial ocorra de maneira justa e informada.

DE MANHÃ CEDINHO

Como dizer "de manhã cedinho, de manhã bem cedo" em inglês

Bom dia, ou melhor, vamos aprender a saudar o amanhecer em inglês com estilo! Sabe aquele momento, quando o primeiro raio de sol bate na janela? Em inglês, temos algumas expressões para descrever essas primeiras horas do dia.

Para os que pulam da cama com o canto dos pássaros, a expressão **"First thing in the morning"** (de manhã bem cedo) é uma boa forma de expressar isso. Imagine que você quer combinar com seu colega de corrida para pegar o parque ainda vazio, você diria: **"Let's hit the park first thing in the morning."** Isso dá o tom de algo planejado para ser a primeira atividade do dia, literalmente **"Logo de manhã bem cedinho".**

Por outro lado, **"Early in the morning"** pode ser usada para esses momentos tranquilos antes que as ruas se encham. Se você é daqueles que gosta de meditar ou talvez preparar um café da manhã sem pressa, essa expressão **"fit like a glove"** cai como uma luva. **"I enjoy the quiet of my garden early in the morning,"** poderia ser uma maneira elegante de compartilhar seu amor pela serenidade das manhãs.

E para os verdadeiros madrugadores, nada supera **"At the crack of dawn."** Essa é para você que está de pé antes mesmo de o galo cantar, pronto para começar o dia enquanto a maioria ainda dorme. Usando essa expressão, você transmite uma ideia de ação ao alvorecer, como em: **"She jogs at the crack of dawn, before the city wakes up."**_Traduzindo: "Ela corre ao raiar do dia, antes da cidade acordar."

Cada uma dessas expressões carrega não apenas o significado do horário, mas um estilo de vida e uma escolha de como aproveitar o melhor momento do dia. Integrar essas frases ao seu inglês diário não só enriquece sua habilidade linguística, mas também abre portas para compartilhar rotinas, planos e sonhos com falantes nativos. Experimente, e quem sabe suas manhãs não começam a ter mais brilho em inglês?

PROVAR ROUPA/CALÇADO
Como dizer "provar roupa, calçado" em inglês

Nada como um passeio pelas lojas para revigorar o espírito, não é mesmo? Mas se você planeja fazer isso em terras de falantes nativos, é essencial conhecer algumas expressões chave. Hoje, vamos entrar no mundo das compras de roupas e calçados em inglês, começando por como dizer **"provar roupa"** e **"provar calçado"**.

Ao entrar em uma boutique chique ou até mesmo numa loja mais casual, você pode querer experimentar algumas peças. Em inglês, dizemos **"try on clothes"** para **"provar roupas"**. Imagine-se encontrando o vestido perfeito e dizendo à atendente: **"Can I try this dress on?"** Ou seja, "Posso provar este vestido?".

E quando se trata de calçados, a expressão é similar: **"try on shoes"**. Se aquele par de sapatos estiloso chamou sua atenção, você pediria: **"I'd like to try these shoes on, please."** Traduzindo: "Gostaria de provar estes sapatos, por favor."

Agora, onde você realiza essa tarefa de transformação? No **"fitting room"**, conhecido em português como **"provador"**. Se precisar encontrar um, simplesmente pergunte: **"Where are the fitting rooms?"** ou "Onde ficam os provadores?"

Para os que buscam uma experiência completa, talvez em uma loja especializada ou até mesmo em um shopping imenso, saber essas expressões torna tudo mais fácil. Você pode ser capaz de conversar com os vendedores, explicar o que precisa e garantir que as peças escolhidas caiam como uma luva antes de levá-las para casa.

QUAL É SUA ALTURA
Como dizer "qual é sua altura, estatura" em inglês

Em um encontro descontraído em um café de Londres, Mike, um inglês típico, alto e bem-humorado, encontrou-se com sua amiga americana, Emily, que estava de passagem pela cidade. A conversa fluía solta até que Emily, curiosa sobre a estatura notável de Mike, perguntou: **"How tall are you?"** (Qual a sua altura?). Mike, sempre pronto para um toque de humor britânico, respondeu com um sorriso: **"I'm 6ft 2in tall."** (Tenho 1,88m de altura).

Nesse momento, Mike aproveitou para explicar a Emily as peculiaridades do sistema imperial, usado comumente no Reino Unido e nos EUA para medidas de altura. Ele detalhou como converter centímetros para pés (feet) e polegadas (inches), usando a fórmula simples: **cm / 30.48 = ft**. **"So you just divide your height in centimeters by 30.48 to get it in feet!"** (Então, você apenas divide sua altura em centímetros por 30,48 para obtê-la em pés!), explicou ele.

A conversa avançou para o uso das expressões sobre altura em situações cotidianas. Mike ensinou que, para expressar estatura de forma mais coloquial em inglês, pode-se dizer: **"I'm average height."** (Eu tenho altura mediana.), ou **"He's quite tall!"** (Ele é bem alto!), dependendo do contexto. E para brincar com a própria altura, não faltaram expressões como **"I tower over most of my friends."** (Eu sou uma torre perto da maioria dos meus amigos.) ou, em tom jocoso, **"I'm a real beanpole."** (Sou um verdadeiro palito.), que em inglês é uma maneira engraçada de se referir a alguém muito alto e magro.

Emily, interessada em aprender mais, perguntou como perguntar sobre a altura de outras pessoas. Mike sugeriu: **"How tall is he?"** (Qual a altura dele?) ou **"Is she taller than you?"** (Ela é mais alta que você?). Para comparar alturas, explicou o uso de expressões como **"I'm shorter than my brother."** (Sou mais baixo que meu irmão.) ou **"She's taller than me."** (Ela é mais alta que eu.).

Mike também introduziu algumas gírias divertidas relacionadas à altura. Brincando com um amigo próximo, ele poderia dizer: **"You short stuff!"** (Seu toco de amarrar jegue!), ou mesmo **"You pipsqueak!"** (Seu tampinha, chaveirinho, tamborete de anão!), utilizando essas gírias inglesas que são equivalentes aos termos brasileiros de forma mais brincalhona e carinhosa.

Para adicionar um toque de cor local, Mike compartilhou essas gírias, explicando que em inglês britânico, pessoas não muito altas podem ser chamadas de **"titch"** ou **"short stuff"**, enquanto em inglês americano, **"pipsqueak"** é uma expressão carinhosa para alguém pequeno.

Ao fim, ambos riram e concordaram que, enquanto Mike poderia ser considerado **"tall"** (alto) na Inglaterra, em alguns países poderia ser apenas **"average"** (mediano). Emily agradeceu a mini-aula, prometendo usar suas novas frases em inglês para descrever pessoas e suas alturas. E assim, entre goles de café e risadas, a tarde londrina se desenrolou, unindo ainda mais dois amigos através da curiosa e fascinante barreira da linguagem.

ESTÁ CHOVENDO LÁ FORA

Como dizer "está chovendo, nevando" em inglês

Ao falar sobre o clima em inglês, encontramos uma peculiaridade que pode confundir muitos brasileiros: a necessidade de usar o pronome **"it"**. Por exemplo, dizemos **"It's raining"** para **"Está chovendo"** e **"It's snowing"** para **"Está nevando"**. A tendência de omitir o **"it"** ocorre porque, em português, expressões que descrevem o clima não exigem um sujeito explícito, como "Está chovendo", sem mencionar quem ou o que está realizando a ação.

A origem dessa estrutura em inglês remonta aos tempos dos anglo-saxões, que possuíam uma visão **animista** do mundo, acreditando que forças naturais eram controladas por entidades espirituais. Assim, quando dizem **"It rains"**, o **"it"** não se refere a uma coisa ou pessoa específica, mas atua como uma referência implícita a essas forças ou deidades antigas, quase como dizer **"um deus faz chover"**. Essa é uma ressonância de como, cultural e historicamente, os povos antigos interpretavam os fenômenos naturais como atos de seres superiores, invisíveis e **todo-poderosos**.

Esse pequeno pronome, **"it"**, portanto, não é apenas uma necessidade gramatical, mas também uma ponte para entender a percepção histórica e cultural do clima e da natureza por parte dos falantes do inglês. Cada vez que usamos **"it"** em contextos meteorológicos, estamos, sem saber, tocando em uma antiga tradição que via o clima como a manifestação do divino.

Dessa forma, ao aprender ou ensinar inglês, é importante enfatizar não apenas a gramática correta, mas também a riqueza cultural que cada linguagem carrega. Saber por que usamos **"it"** em expressões sobre o clima pode não apenas evitar erros comuns, mas também enriquecer nossa apreciação pela língua inglesa, conectando-nos a um passado místico e respeitoso diante dos caprichos da natureza.

VOCÊ ESTÁ UM POUCO GORDO

Como dizer "gordo, cheinho" em inglês

Ao lidar com questões de peso em conversas, especialmente em inglês, é crucial escolher palavras cuidadosamente para evitar constrangimentos ou ofensas. Muitas vezes, a expressão **"You look a bit fat"** pode soar muito direta e insensível, podendo facilmente magoar a pessoa a quem se refere. Portanto, é recomendável optar por termos mais suaves e socialmente aceitáveis.

Ao invés de dizer **"You look a bit fat"** (Você está um pouco gordo), que pode ser visto como rude, você pode usar alternativas mais gentis, como:
"You look a bit overweight" (Você parece um pouco acima do peso),
"You look a bit heavy" (Você parece um pouco pesado), ou
"You look a bit chubby" (Você parece um pouco cheinho).

Essas alternativas comunicam a mesma observação de maneira mais cuidadosa, reduzindo o risco de ofender alguém. Na cultura anglófona, especialmente, há uma grande ênfase na escolha de palavras cuidadosa para falar sobre questões pessoais como o peso, pois a sensibilidade às palavras pode variar significativamente.

CORTEI O MEU DEDO DO PÉ

Como dizer "dedo do pé, dedo da mão" em inglês

Numa manhã de sábado, João, um brasileiro recém-chegado aos

Estados Unidos, decidiu explorar o estilo de vida americano de maneira autêntica. O destino escolhido foi o famoso lago local, perfeito para nadar, relaxar, e quem sabe, até fazer um churrasco. Com o céu impecavelmente azul e o sol brilhante, tudo indicava que seria um dia memorável.

Assim que chegou, João tirou os sapatos para sentir a grama sob seus pés. Feliz, ele correu em direção à água. Porém, um caco de vidro **piece of glass** na grama interceptou seu trajeto. Ao pisar, sentiu uma dor terrível e, ao olhar para baixo e ver o sangue, exclamou: **"I stepped on a piece of glass and cut my finger!"**

Os amigos americanos trocaram olhares confusos, tentando entender como João poderia ter cortado um dedo da mão enquanto corria na grama. Foi então que Sarah, uma das amigas que estudava português, explicou gentilmente: "João, aqui a gente chama os dedos dos pés de toes, não **fingers**. **Fingers** são só os dedos das mãos!"

João, ainda mancando um pouco e sentindo o desconforto da lesão, sorriu fraco, agradecendo a correção. "No Brasil, usamos **dedo** tanto para os da mão quanto para os do pé. Agora, meus **toes** vão sempre se lembrar disso," ele disse, fazendo uma nota mental para nunca mais esquecer essa distinção.

Sarah, percebendo a necessidade de aliviar a tensão, continuou a conversa com mais informações linguísticas, oferecendo uma distração enquanto prestava os primeiros socorros. **"Let's get it right, João. Say, 'I stepped on a piece of glass and cut my toe.' Try it!"**

João, enquanto segurava um curativo sobre o corte, repetiu a frase corretamente, agradecido pela ajuda e pela paciência dos amigos. A tarde prosseguiu com João mais cauteloso, e a história do seu pequeno acidente se tornou um lembrete de que as palavras podem ser tão complicadas quanto simples caminhadas pelo parque.

Essa experiência também ilustrou curiosamente que as regiões do cérebro responsáveis pela dor não estão conectadas àquelas que processam a linguagem. Portanto, entender a linguagem enquanto se está em dor não é uma tarefa fácil — uma lição que João levou para casa junto com um novo vocabulário.

ANÉL DE FORMATURA
Como dizer "anel de formatura, formatura" em inglês

Em uma tarde de primavera em Londres, enquanto Lúcia explorava as vitrines de uma famosa joalheria na Bond Street, ela ficou fascinada pela variedade e beleza das joias expostas. Ela entrou na loja com o intuito de encontrar algo especial para complementar seu vestido para um evento que ocorreria naquela noite.

Dentro da joalheria, Lúcia foi recebida por uma vendedora gentil que percebeu seu interesse pelas peças em exposição. "Posso ajudá-la a encontrar algo específico?" perguntou a vendedora. Lúcia, querendo praticar seu inglês, respondeu entusiasmada: **"Yes, I'm looking for something unique. I'm attending an opera tonight."**

A vendedora sorriu e começou a mostrar-lhe diversas opções, enquanto explicava cada tipo de joia em inglês, para ajudar Lúcia a ampliar seu vocabulário no idioma. "Let's start with some basic pieces. This is a **necklace** (colar), and these are **earrings** (brincos)."

Lúcia observou um conjunto particularmente encantador: "Oh, I love this **bracelet** (pulseira). And what do you call this?" perguntou ela, apontando para uma peça delicada.

"That's an **anklet** (tornozeleira)," explicou a vendedora. "And over here we have some **cuff links** (abotuaduras) and a beautiful **brooch** (broche)."

A conversa entre elas fluiu naturalmente enquanto passavam por **rings** (anéis) de diversos tipos, como **engagement rings** (anéis de noivado), **wedding rings** (anéis de casamento) e até mesmo **class rings** (anéis de formatura). Cada peça trazia consigo um brilho especial e uma história para contar.

Lúcia, interessada em aprender mais, perguntou sobre os materiais.

"This is a **gold ring** (anel de ouro), and that one there is a **platinum bracelet** (pulseira de platina). We also have **titanium lockets** (medalhões de titânio) and **plastic tiaras** (tiaras de plástico) for more casual occasions."

A cada nova palavra que aprendia, Lúcia sentia-se mais confiante. Ela decidiu sobre um **charm bracelet** (pulseira de berloque) e uma **gold necklace** (colar de ouro). Ao se preparar para pagar, ela disse à vendedora: **"I'm using a plastic tiara tonight, but now I think I'll use this gold necklace instead. It's perfect."**

A vendedora, educadamente, sorriu e corrigiu gentilmente: "Actually, in English, we say 'I'm **wearing** a plastic tiara' instead of **'using'**. We use 'wear' for things that you put on your body, like jewelry and even perfume. So, you're wearing a tiara."

Lúcia agradeceu pela correção, apreciando a delicadeza com que foi instruída. **"Thank you! I'm always eager to learn the correct way to express myself."**

Ao sair da joalheria, Lúcia refletiu sobre o quão útil foi a conversa para seu aprendizado. Ela não só adquiriu belas joias, mas também reforçou seu vocabulário em inglês, aprendendo que **wear** é usado em contextos onde algo é 'vestido' ou 'usado' no corpo, diferente de **use**, que se aplica a um uso mais geral e funcional de objetos.

Essa tarde não só enriqueceu sua coleção de joias, mas também seu domínio da língua inglesa, fazendo com que ela se sentisse pronta para brilhar tanto na ópera quanto em futuras conversas.

VITRINE DE LOJA, TRAJE

Como dizer "vitrine de loja, traje" em inglês

Em uma tarde em Nova York, Carlos, o proprietário de uma loja chique no centro Manhattan, estava orientando Mariana, uma cliente brasileira que planejava melhorar seu inglês enquanto explorava novas tendências da moda.

"Before we wrap up, let me show you some essential English vocabulary for accessories that you'll find useful, especially here in the city," (Antes de terminarmos, deixe-me mostrar-lhe alguns vocabulários essenciais em inglês para acessórios que você achará útil, especialmente aqui na cidade) falou Carlos, levando-a por uma seção da loja.

Pointing to a stylish display, he introduced her to scarves and gloves – perfect for the brisk fall weather. "Here we have scarves (cachecóis) and gloves (luvas), essentials for our unpredictable weather," (Aqui temos cachecóis e luvas, essenciais para nosso clima imprevisível) explicou ele, enquanto Mariana tocava o tecido macio dos cachecóis.

Next, they moved to a collection of belts (cintos) and hats (chapéus). **"Belts can really define your outfit, and hats are great not just for style but also for comfort on sunny or windy days,"** (Cintos podem realmente definir seu traje, e chapéus são ótimos não apenas para estilo, mas também para conforto em dias de sol ou de ventos) disse Carlos, mostrando-lhe um cinto de couro elegante e um chapéu Panamá.

As they approached a wall adorned with various types of bags, Carlos continued, "Here are different types of bags: handbags, commonly just called 'bags', backpacks (mochilas) for a more casual look, and clutches for evening events," (Aqui estão diferentes tipos de bolsas: bolsas de mão, comumente chamadas apenas de 'bolsas', mochilas para um visual mais casual e clutches para eventos noturnos) detalhou ele.

Before leaving the accessories section, Carlos pointed out other small but significant items: "And don't forget about our selection of jewelry – earrings (brincos), necklaces (colares), and rings (anéis). These pieces can add a touch of elegance to any outfit," (E não se esqueça de nossa seleção de joias – brincos, colares e anéis. Essas peças podem adicionar um toque de elegância a qualquer traje) destacou.

Mariana, feeling more confident with each new word, expressed her gratitude. "I never realized how knowing these specific terms could enhance my shopping experience and help me discuss fashion more fluently," (Nunca percebi como conhecer esses termos específicos poderia melhorar minha experiência de compras e me ajudar a discutir moda com mais fluência) refletiu ela.

Carlos smiled, pleased to assist. "Exactly! And remember, whenever you need to examine something more closely, just say, 'Can I take a look at this?' It's a great way to engage and ensures you get exactly what you want," (Exatamente! E lembre-se, sempre que precisar examinar algo mais de perto, apenas diga, 'Posso dar uma olhada nisso?' É uma ótima maneira de se envolver e garante que você obtenha exatamente o que deseja) aconselhou.

As Mariana left the store, not only did she carry bags filled with fashion finds, but she also took with her new linguistic tools that would undoubtedly enrich her travels and interactions in the English-speaking world. This afternoon was more than a shopping trip; it was a lesson in language and cultural navigation, a true treasure for any language learner exploring abroad.

Com o vocabulário e as dicas que Carlos havia compartilhado, Mariana sentia-se empoderada e pronta para mais aventuras de compras. No dia seguinte, ela decidiu explorar mais algumas lojas famosas em Manhattan. Desta vez, ela estava determinada a praticar ainda mais inglês, aplicando os termos que aprendeu.

Ao entrar em uma loja renomada por sua coleção de moda vintage, Mariana se deparou com uma variedade impressionante de vestidos e acessórios de época. Lembrando-se das palavras de Carlos, ela se aproximou do vendedor e disse, "Excuse me, I'm looking for a dress for a special occasion. Can I take a look at that one in the window?" (Com licença, estou procurando um vestido para uma ocasião especial. Posso dar uma olhada naquele na vitrine?)

O vendedor, um jovem que amava a moda vintage, respondeu com um sorriso. "Of course! That's a classic flapper dress from the 1920s. Let me get it for you," (Claro! Esse é um vestido flapper clássico dos anos 1920. Deixe-me pegá-lo para você) disse ele, retirando cuidadosamente o vestido da vitrine **(window).**

Enquanto esperava, Mariana olhou ao redor e notou uma série de chapéus elegantes alinhados em uma prateleira. **"I'm also interested in these hats. Could I try on that cloche hat?"** (Também estou interessada nesses chapéus. Poderia experimentar aquele chapéu cloche?) perguntou ela, apontando para um chapéu elegante que complementaria perfeitamente o vestido.

"Absolutely! Cloche hats are perfect for a full-on vintage look. You have great taste!" (Absolutamente! Chapéus cloche são perfeitos para um visual vintage completo. Você tem um ótimo gosto!) comentou o vendedor enquanto ajudava Mariana a ajustar o chapéu no espelho.

Após experimentar o vestido e o chapéu, Mariana decidiu levar ambos. Ela estava encantada com a forma como os itens combinavam e com o quanto se sentia elegante. **"Thank you so much for your help. I can't wait to wear these,"** (Muito obrigada pela sua ajuda. Mal posso esperar para usar estes) agradeceu ela, enquanto pagava pelas suas compras.

Ao sair da loja, Mariana refletiu sobre o quão útil foi aprender o vocabulário específico de moda e acessórios. Não só facilitou suas compras, mas também enriqueceu sua experiência de viagem, permitindo-lhe interagir com confiança e conhecer pessoas que compartilhavam de seus interesses. Cada conversa e interação tornava-se uma oportunidade de aprender e explorar ainda mais a cultura e a língua inglesa.

Depois da grande experiência na loja de moda vintage, Mariana decidiu explorar mais algumas lojas de especialidades. Desta vez, seu foco estava em acessórios únicos para complementar sua coleção. Ela havia notado uma loja pequena, mas charmosa, conhecida por seus acessórios artesanais.

Ao entrar, Mariana foi imediatamente atraída por uma vitrine que exibia uma variedade de pulseiras e colares feitos à mão. Lembrando-se das palavras que havia aprendido, ela se dirigiu ao atendente, um homem mais velho com um claro amor por sua arte. **"Excuse me, I'm looking for a unique bracelet. Can I take a look at these charm bracelets?"** (Com licença, estou procurando uma pulseira única. Posso dar uma olhada nessas pulseiras de berloque?)

O atendente, sorrindo com a pergunta bem formulada, respondeu: **"Of course! Each of these bracelets has its own story. Feel free to try any of them."** (Claro! Cada uma destas pulseiras tem sua própria história. Fique à vontade para experimentar qualquer uma delas.) Ele mostrou a Mariana uma coleção de pulseiras, detalhando a origem e o significado de cada berloque.

Mariana ficou fascinada pelas histórias e pelo cuidado colocado em cada peça. Ela escolheu uma pulseira que apresentava um berloque em forma de bússola, simbolizando viagem e aventura, algo que ressoava profundamente com seu próprio espírito explorador. **"I'll take this one. It really speaks to me,"** (Vou levar esta. Ela realmente fala comigo,) disse ela, decidida.

Antes de deixar a loja, Mariana notou um display de anéis de prata. Lembrando-se novamente do vocabulário específico, ela perguntou: **"Can I also take a look at these silver rings?"** (Posso também dar uma olhada nesses anéis de prata?) O atendente mostrou-lhe uma variedade de anéis, cada um com designs únicos e pedras preciosas embutidas.

Após alguns minutos experimentando diferentes anéis, Mariana escolheu um anel de prata com uma pequena ametista, conhecida por suas propriedades de purificação e proteção. **"This will be perfect for my collection,"** (Isto será perfeito para minha coleção,) ela comentou enquanto fazia sua compra final.

Satisfeita com suas novas aquisições e as interações que teve, Mariana deixou a loja sentindo-se mais conectada não apenas à cultura local, mas também à comunidade global de artesãos e criadores. Cada item que ela escolheu não era apenas uma peça de moda, mas um pedaço de história e arte que ela iria valorizar e lembrar de suas aventuras em Nova York.

EU ME FORMEI

Como dizer "Eu me formei, formação" em inglês

Num café no centro de Londres, James, um jovem entusiasta e recém-formado, encontrava-se com sua amiga Elizabeth para comemorar suas recentes conquistas acadêmicas. A conversa girava em torno de suas experiências na universidade e dos planos futuros, mas também de como expressar esses novos marcos em inglês.

Elizabeth, sempre pronta para uma lição, começou a explicar: "James, quando você fala sobre sua formatura em inglês, você pode dizer **'I graduated!'** (Eu me formei!). É uma forma simples e direta de expressar a conclusão de um grande capítulo."

James, com um sorriso, respondeu: **"That's right, Liz! And I can't believe I finally graduated in Engineering. Or should I say 'I finally graduated!'** (Eu finalmente me formei!)?" Elizabeth acenou, impressionada com sua pronúncia.

"Exactly," concordou Elizabeth. **"And remember, you can specify your field by saying, *'I graduated in Engineering'** (Eu me formei em engenharia). It adds a bit more detail to your achievement."

Curioso, James perguntou sobre como discutir o mês ou o ano de formatura. Elizabeth esclareceu: **"You can use the same structure for that. For instance, 'I graduated in June'** (Eu me formei em junho) or *'I graduated in 2020'* (Eu me formei em 2020). It's really versatile!"

A conversa se voltou para os cursos específicos. **"If someone asks about your major, you can say 'I majored in Engineering'** (Eu me formei em engenharia), which is a bit more formal and specific," explicou Elizabeth.

James, querendo praticar mais, disse: **"So, if I meet someone new, I could say, 'I have a degree in Engineering'** (Sou formado em Engenharia), right?"

"Perfect!" Elizabeth exclamou. **"And if you want to ask someone about their education, you can use 'Which university did you graduate from?'** (Em qual universidade você se formou?) **or 'What did you major in?'** (No que você se formou?)"

Satisfeito com as novas frases que aprendeu, James refletiu sobre como esses "vocabulário" de linguagem não só facilitam a comunicação em um novo idioma, mas também ajudam a conectar-se com pessoas de diferentes culturas através de experiências compartilhadas como a educação.

Ao final do encontro, enquanto se despediam, Elizabeth brincou: **"Now, go out there and impress everyone with your fluent**

English!" (Agora, vá lá e impressione todos com seu inglês fluente!). James, mais confiante do que nunca, agradeceu a amiga pelo apoio e pelas lições inesperadas, prometendo usar seu novo vocabulário em todas as oportunidades futuras.

THE BANANA PEELS OF ENGLISH

É um capítulo do livro "Como você diria em inglês" que explora aquelas expressões e palavras que fazem os brasileiros escorregar feio na comunicação. Como cascas de banana na calçada da língua, eles estão lá, prontos para te fazer dar aquela escorregada e cair no riso... ou no erro!

MATURE

MARIA: "the mango isn't mature yet" / A manga ainda não está madura

JULIANA: Na verdade, Maria, o certo é **"the mango isn't ripe yet"**.

Cuidado, Maria! **"Mature"** é geralmente usado para descrever maturidade emocional ou desenvolvimento pessoal, como em **"She's very mature for her age"** ("Ela é muito madura para a idade dela"). Para frutas maduras para comer, o termo correto é **"ripe"**. Por exemplo, " **"When a fruit is ripe, it is time to pick it and eat it."** se traduz por "Quando uma fruta está madura, é hora de colhê-la e comê-la." O oposto é **unripe** (verde) não prontas para comer.

MISTAKE

LUCAS: "I'm not blaming you – we all do mistakes."

EMILY: "Na verdade, Lucas, **it's 'we all make mistakes."**

Dica: Em inglês, o verbo correto para se usar ao falar sobre cometer erros é **"make"**, não **"do"**. Portanto, sempre que precisar falar sobre erros que cometeu, lembre-se de usar **"made a mistake"**. Assim seu inglês fica polido e correto!

MONDAY

CARLA: "I'll call you on monday."

TOM: "Na verdade, Carla, deve ser: **'I'll call you on Monday."**

Dica: Em inglês, os dias da semana sempre começam com letra maiúscula. Então, lembre-se de escrever **"Monday," "Tuesday," "Wednesday,"** etc., com a inicial maiúscula. Assim como no exemplo: **"She pays visit her grandmother on Saturdays and Wednesdays."** "Ela visita a avó aos sábados e quartas-feiras."

MORE

LUCAS: "I needed to visit that place more three times." / "Precisei visitor aquele lugar mais três vezes"
EMILY: "O certo é **"I needed to visit that place another three times.**"

Dica: Lembre-se, ao falar sobre repetições em inglês, a ordem correta das palavras é importante. Por exemplo: **"We have five more sessions to understand the concept."** / "Temos mais cinco sessões para entender o conceito." **"In another three months, I'll be graduating!"** / "Daqui a mais três meses, estarei me formando!" **"Can you believe it's only three more months until the new year?"** / "Você acredita que faltam apenas mais três meses para o ano novo?" Essas frases mostram como utilizar **"more"** e **"another"** para indicar quantidades adicionais ou momentos futuros, ajudando você a comunicar-se de maneira clara e correta em inglês.

NERVOUS

LUCAS: "My boss got after the meeting."

EMILY: "Na verdade, Lucas, se ele ficou realmente chateado com o resultado, você pode dizer **'My boss got angry'**

Dica: É importante diferenciar entre **'nervous'** e **'angry'**. **'Nervous'** reflete ansiedade ou nervosismo, como quando alguém diz: **"I always get nervous before presentations."** No entanto, se alguém está mostrando frustração ou descontentamento, **'angry'** ou **'irritated'** são as palavras adequadas. Por exemplo, **"He became angry when he couldn't find the documents"** ou **"She got irritated with the constant delays."** Usar a expressão correta assegura que a emoção certa seja comunicada.

ANTICIPATE

LUCAS: "They anticipated the meeting to tomorrow."
EMILY: "Na verdade, Lucas, se você quer dizer que eles adiantaram a reunião para amanhã, você deve dizer: **'They moved the meeting forward to tomorrow.'**"

Dica: **'Anticipate'** não é usado para indicar que um evento foi reagendado para uma data anterior. Ele é mais usado no sentido de prever ou esperar algo, como em **"The team anticipates good results from the campaign."** Quando você quer expressar que um evento foi reprogramado para mais cedo, frases como **'moved the meeting forward'** ou **'put the meeting forward'** são as corretas. Por exemplo, **"Due to a scheduling conflict, we've moved the meeting forward by two days."** Isso garante que você esteja usando o inglês de maneira precisa e adequada ao contexto.

ANNOUNCEMENT

LUCAS: **"Did you see the new announcement about that car?"** / Você viu o novo anúncio sobre aquele carro?"
EMILY: "Lucas, se você se refere à campanha de marketing, é melhor dizer **'Did you see the new advertisement about that car?"**

Dica: O termo **'announcement'** é usado para informar sobre comunicados oficiais ou avisos, como por exemplo, **"Everyone is waiting for the mayor's announcement."** / "Todos estão esperando pelo pronunciamento do prefeito." Para referências a marketing ou publicidade, como um anúncio de TV ou online, utilizamos **'advertisement'**. Uma frase como **'Did you see the new commercial for that car?'** ou **'Check out the latest ad for that SUV!'** são mais apropriadas para esse contexto. Assim, você garante que está comunicando a mensagem correta com o vocabulário adequado.

ANNOUNCE

LUCAS: "Should I announce my car for sale in the classifieds?" "Devo anunciar meu carro à venda nos classificados?"
EMILY: "Na verdade, Lucas, o termo correto quando você está querendo vender algo é **'advertise.'** Você deve dizer, **'Should I advertise my car in the classifieds?"**

Dica: **'Announce'** é utilizado para declarar informações ou eventos, como em **"The school announced a new holiday schedule."** / "A escola anunciou um novo calendário de feriados." Para ações de venda ou promoção em anúncios, o verbo apropriado é **'advertise'**. Isso indica que você está oferecendo algo no mercado, como em **"I need to advertise my apartment for rent."** / "Preciso anunciar meu apartamento para alugar." Usando o verbo adequado, você garante que sua intenção seja clara e eficaz.

ANNIVERSARY

LUCAS: **"Today is her anniversary. She's twelve."** "Hoje é o aniversário dela. Ela tem doze anos."

EMILY: "Ah, Lucas, se você se refere a **her birthday**, você deve dizer, **'Today is her birthday. She's turning twelve."** 'Hoje é o aniversário dela. Ela está completando doze anos.'"

Dica: **"Anniversary"** é usado para comemorar a data de eventos importantes, como casamentos ou fundações, e geralmente vem acompanhado do número de anos. Por exemplo, **"It's our 20th**

anniversary." / "É nosso vigésimo aniversário de casamento." Quando falamos do dia em que uma pessoa nasceu, usamos **"birthday".** Então, ao falar sobre alguém que está fazendo anos, a forma correta é **"Today is her birthday."** Isso garante que você esteja usando os termos de forma precisa e entendível.

ANIMATE

LUCAS: "Let's put on some music to animate the party." "Vamos colocar uma música para animar a festa."

EMILY: "Lucas, **'animate'** "não é bem adequado nesse contexto". Você deve dizer **'Let's put on some music to liven up the party."** 'Vamos colocar uma música para animar a festa.'

Dica: O verbo **"animate"** é tipicamente usado para descrever o ato de dar vida ou movimento a objetos inanimados, especialmente em contextos de animação gráfica ou mecânica, como em **"The animator used software to animate the cartoon characters."** / "O animador usou um software para animar os personagens dos desenhos animados." Para referir-se a dar mais energia ou entusiasmo a uma festa ou evento, **"liven up"** é o termo correto, como em **"We played some upbeat songs to liven up the atmosphere."** / "Tocamos algumas músicas animadas para animar o ambiente." Usando o termo apropriado, você assegura clareza e precisão na comunicação.

ANIMATE

LUCAS: "Getting out of the house and seeing people will animate you." / "Sair de casa e ver pessoas vai te animar."
EMILY: "Na verdade, Lucas, a maneira correta de dizer seria **'Getting out of the house and seeing people will *cheer* you *up*.'"** / 'Sair de casa e ver pessoas vai te animar.'"

Dica: O verbo **"animate"** é comumente usado para dar movimento a objetos inanimados ou criar animações, como em **"He learned how to animate figures for his new video game."** / "Ele aprendeu a animar figuras para seu novo jogo de vídeo." Quando queremos expressar a ideia de melhorar o ânimo de alguém, usamos **"cheer up",** como em **"Seeing old friends can really cheer you up."** / "Ver amigos antigos pode realmente te animar." Assim, você se assegura de usar as expressões corretamente e de forma apropriada ao contexto.

ANGRY

LUCAS: **"She stayed very angry after the argument."** / "Ela ficou muito brava depois da briga."

EMILY: "Lucas, você deveria dizer **'She was very angry'** or **'She got very angry.'** / Ela ficou muito brava.'

Dica: Em inglês, o verbo **"stay"** não é geralmente usado para expressar emoções que mudam rapidamente, como raiva. Em vez disso, usamos **"be," "get,"** ou **"become"** para descrever essas transições de estado, como em **"She was very angry about the decision."** / "Ela estava muito brava com a decisão." Ou **"She became very angry when she heard the news."** / "Ela ficou muito brava quando soube da notícia." Assim, você assegura a precisão e a adequação das expressões no contexto correto.

ALONE

JOHN: **"He was very alone after moving to the new city."** / "Ele era muito sozinho depois de se mudar para a nova cidade."
EMILY: "John, a maneira correta de expressar esse sentimento é **'He was very lonely.'** / 'Ele estava muito solitário.''

Dica: "Alone" refere-se a estar fisicamente sem outras pessoas por perto, como em **"She likes to eat alone."** / "Ela gosta de comer sozinha." Já **"lonely"** descreve um sentimento de tristeza por não ter companhia, como em **"Moving away from friends can make you feel lonely."** / "Mudar-se e ficar longe dos amigos pode fazer você se sentir solitário." É importante usar a palavra correta para transmitir com precisão a emoção ou a situação.

ALONE

ANDREW: "He learned to drive alone." / "Ele aprendeu a dirigir sozinho."
EMILY: ""Na verdade, Andrew, o correto é dizer **'He learned to drive on his own.'** / 'Ele aprendeu a dirigir por conta própria.'

Dica: Em inglês, usamos "alone" para indicar estar fisicamente sozinho, como em **"He was alone in the house."** / "Ele estava sozinho na casa." Porém, quando queremos expressar que alguém realizou uma tarefa sem ajuda, usamos **"on his own"** ou **"on her own,"** como em **"She managed the project on her own."** / "Ela gerenciou o projeto por conta própria." Essa distinção ajuda a clarificar se a pessoa estava simplesmente sozinha ou se realmente fez algo sem assistência.

AIR

ELON: "I'd rather not go outside with wet hair into the fresh air." / "Prefiro não sair com o cabelo molhado para o ar fresco."
EMILY: "Elon, uma maneira mais precisa de dizer isso seria 'I'd rather not go outside with wet hair into the cool air." / 'Prefiro não sair com o cabelo molhado para o ar frio.'"

Dica: Em inglês, **"cool air"** ou **"cold air"** são usados para descrever o ar que é fisicamente frio ao toque, como em **"The cool air in the morning refreshes me."** / "O ar frio pela manhã me refresca." **"Fresh air",** por outro lado, quer dizer ao ar livre, geralmente limpo e revigorante, como em **"We went hiking to get some fresh air."** / "Fomos fazer uma caminhada para pegar um pouco de ar livre."

AGREE

LUCAS: **"Did they agree about the price?"** / "Eles concordam com o preço?"
EMILY: "Lucas, você deveria dizer **'Did they agree on the price?'** or **Did they agree to the price?"** / 'Eles concordam com o preço?' ou 'Eles aceitam o preço?'"

Dica: Em inglês, quando estamos falando de concordância em contextos específicos como preços ou termos, usamos **"agree on"** para chegar a um consenso sobre um detalhe, ou **"agree to"** quando alguém aceita uma condição proposta. Por exemplo, **"We need to agree on the details before signing the contract."** / "Precisamos concordar com os detalhes antes de assinar o contrato." Ou **"He agreed to the terms without hesitation."** / "Ele aceitou os termos sem hesitar." Estes usos ajudam a clarificar a ação sendo acordada.

AGENDA

HELLEN: **"I need to buy a new agenda for my meetings."** / "Eu preciso comprar uma agenda nova para minhas reuniões."
EMILY: "Hellen, se você quer dizer um livro para agendar compromissos, você deve dize" **'I need to buy a new appointment book.'** / r 'Eu preciso comprar um novo livro de compromissos.'

Dica: Em inglês, a palavra **"agenda"** não se refere a um objeto físico para anotar compromissos, mas sim à lista de tópicos a serem discutidos em uma reunião ou os planos para um período de tempo, como em **"Let's review the agenda for today's meeting."** / "Vamos revisar a pauta da reunião de hoje." Ou **"Do you know what's on the agenda for the weekend?"** / "Você sabe quais são os planos para o fim de semana?" Para um objeto usado para organizar datas e horários, usamos **"appointment book"** ou **"planner."**

AFTER (A WEEK / A MONTH ETC.)

LUCAS: **"I'm moving to Salvador after a week."** / "Eu vou me mudar para Salvador daqui a uma semana."
EMILY: "Lucas, você deveria dizer **'I'm moving to Salvador in a week's time'** or **'I'm moving to Salvador in a week.'** / 'Eu vou me mudar para Salvador daqui a uma semana' ou 'Eu vou me mudar para Salvador em uma semana.'

Dica: Para expressar ações que ocorrerão após um período específico no futuro em inglês, a forma correta é usar **"in a week's time, in two weeks' time, in three months' time, in ten years' time etc "** ou simplesmente **"in a week"**. Essas expressões ajudam a definir claramente a expectativa de tempo até o evento. Por exemplo, **"She will return from her trip in a week's time."** / "Ela retornará de sua viagem daqui a uma semana." Isso ajuda a evitar confusões com o uso incorreto da preposição "after".

CONDITION

JAMES: **"She doesn't have condition for paying the rent."** / "Ela não tem condição de pagar o aluguel."
EMILY: "James, não é assim que se fala. Você deveria dizer **'She couldn't afford to pay the rent'** or **'She couldn't afford the rent."** /

'Ela não podia pagar o aluguel' ou 'Ela não tinha condições de pagar o aluguel.'

Dica: Em inglês, evitamos usar **"condition"** para falar sobre recursos financeiros. A forma correta é usar o verbo **"afford"**, que direciona especificamente à capacidade ou possibilidade financeira. Por exemplo, **"Many people want to travel abroad but can't afford it."** / "Muitas pessoas querem viajar para o exterior, mas não têm condições financeiras." Usar **"afford"** torna a frase mais natural e especificamente focada na capacidade de pagar ou comprar algo. **"Condition"** refere-se principalmente ao estado de algo ou alguém, seja físico, funcional ou de saúde. Pode também indicar requisitos específicos dentro de um acordo ou situação. Veja alguns exemplos: **"The patient's condition is stable."** "A condição física do paciente é estável" ou **"She accepted the job on the condition that she can work remotely."** / "Ela aceitou o emprego com a condição de que ela possa trabalhar remotamente

ADVICE

LUCAS: "He gave me a lot of advices." / "Ele me deu muitos conselhos."
EMILY: ""Na verdade, Lucas, 'advice' é um substantivo incontável, então você deve dizer **'He gave me a lot of advice.'** / 'Ele me deu muito conselho.'"

Dica: Em inglês, a palavra **"advice"** é usada sempre no singular, independente da quantidade, para se referir a recomendações ou orientações. Por exemplo, **"She offered sound advice on handling the situation."** / "Ela ofereceu bons conselhos sobre como lidar com a situação." Lembre-se de nunca adicionar 's' no final de "advice", pois isso é um erro comum entre falantes de português que estão aprendendo inglês.

ACHE

JULIA:"My arm is aching." / "Meu braço está doendo."
EMILY: "Julia, é mais comum dizer **'My arm hurts'** or **'My arm is hurting'** quando se refere a uma dor geral."

Dica: O verbo **"ache"** é usado especificamente para descrever dores contínuas ou latejantes e é frequentemente empregado como substantivo em palavras compostas descrevendo dores localizadas, como em **"stomachache"** ou **"headache"**. Por exemplo, **"After the long hike, my legs really ached."** / "Depois da longa caminhada, minhas pernas realmente doíam." No entanto, para dores agudas e pontuais, prefere-se **"hurts"** ou **"is hurting"**, como em **"If your arm hurts, maybe you should rest it."** / "Se seu braço dói, talvez você deva descansá-lo." Este uso ajuda a diferenciar entre tipos de dor e a escolher a expressão mais apropriada para cada situação.

ACADEMY

VANIA: "I go to the academy three times a week." / "Eu vou à academia três vezes por semana."
EMILY: "Vania, se você está falando sobre onde você faz exercícios, é melhor dizer **'I go to the gym three times a week'** or **'I go to the fitness center three times a week.'** / 'Eu vou à academia três vezes por semana' ou 'Eu vou ao centro de fitness três vezes por semana.'"

Dica: Em inglês, **"academy"** geralmente refere-se a uma instituição educacional ou organização dedicada a artes, letras, ou ciências, como em **"Academy of Arts."** / **"Academia de Artes."** Para lugares onde as pessoas praticam exercícios físicos, usamos termos como **"gym,"** **"health club,"** **"fitness center,"** ou **"sports center."** Por exemplo, **"Many people join a gym to get regular exercise."** / "Muitas pessoas se matriculam numa academia para fazer exercícios regulares." Usar a palavra certa ajuda a evitar confusões e garante que você seja entendido corretamente.

APPEARANCE

ROBERT: **"She has a nice appearance."** / "Ela tem boa aparência."

EMILY: "Robert, a forma mais natural de dizer isso em inglês seria **'She is good-looking' or 'She looks nice.'** / 'Ela é bonita' ou 'Ela parece linda .'

Dica: Em inglês, expressões como **"good-looking"** ou **"looks nice"** são preferidas para comentar sobre atração física. A palavra **"appearance"** pode ser usada, mas geralmente refere-se ao modo como alguém se apresenta em público ou em eventos formais. Por exemplo, **"His appearance at the event was very professional."** / "A aparência dele no evento foi muito profissional." Outra utilização de **"appearance"** pode ser em contextos onde a presença de alguém é notável, como **"She made her first public appearance after the surgery."** / "Ela fez sua primeira aparição pública após a cirurgia." Este uso de **"appearance"** destaca mais o ato de aparecer do que a beleza física.

APPLICATION

YOUNG: **"Tech stocks are a risky application."** / "Ações ligadas à tecnologia são aplicações arriscadas."

EMILY: " Young, o termo correto que você poderia usar é **'Tech stocks are a risky investment.'** / 'Ações ligadas à tecnologia são um investimento arriscado.'"

Dica: Em inglês, **"application"** é mais comumente usado para se referir a um formulário de inscrição ou um pedido, como em **"You need to submit your college application by January."** / "Você precisa enviar seu formulário de inscrição na faculdade até janeiro."

Não é habitual usar **"application"** para descrever ativos financeiros. Para falar sobre colocar dinheiro em recursos financeiros, como ações, usamos "investment," como em **"Real estate can be a good investment during economic stability."** / "Imóveis podem ser um bom investimento durante a estabilidade econômica." Esta distinção ajuda a evitar confusões e garante que a comunicação seja clara e precisa.

ANXIOUS

ASDRA: 'I get anxious every time I have an interview.' / "Eu fico ansioso toda vez que tenho uma entrevista."

EMILY: "Asdra, se você quer dizer que fica inquieto bem no momento da entrevista, você deveria dizer, **'I get nervous during interviews.'** / 'Eu fico nervoso durante as entrevistas.'

Dica: "Anxious" em inglês é usado para sentimentos de preocupação ou expectativa por eventos futuros, como em **"She's anxious about moving to a new city next month."** / "Ela está ansiosa para se mudar para uma nova cidade no próximo mês." Em contraste, **"nervous"** captura melhor a tensão e a agitação sentidas em situações imediatas, como falar em público ou durante uma entrevista, exemplificado por **"He gets nervous when he has to speak in front of the class."** / "Ele fica nervoso quando precisa falar na frente da turma." Essa distinção é importante para usar os termos de forma precisa nas situações apropriadas.

APPOINTMENT

LUKA: "The secretary made some appointments in her notebook." / "A secretária fez alguns apontamentos no caderno dela."

EMILY: "Luka, se ela estava anotando detalhes para uso futuro, a forma correta de dizer é, **'The secretary took some notes.'"** /, 'A secretária fez algumas anotações.'"

Dica: "Appointment" em inglês é utilizado para descrever compromissos agendados, como encontros profissionais ou consultas médicas, e não para anotações simples. Por exemplo, **"He has an appointment with his lawyer next week."** / "Ele tem um compromisso com seu advogado na próxima semana." Por outro lado, "notes" refere-se a informações escritas durante discussões ou observações, como em **"She always takes notes during client calls."** / "Ela sempre faz anotações durante ligações com clientes." Entender a diferença entre esses dois termos é essencial para usá-los corretamente em contextos apropriados.

ARGUMENT

JERRY: **"She made a strong argument."** / "Ela fez um argumento forte."

EMILY: "Na verdade, Jerry, se você quer dizer que ela fez uma observação sólida ou um ponto válido, você poderia dizer, **'She made a strong point.'**

Dica: "argument" em inglês é frequentemente usado para descrever uma briga ou "bate-boca". Exemplo: **"He got into an argument with Jeff in the pub last night."** "Ele se envolveu em uma briga com o Jeff no bar ontem à noite." A expressão **"point"** é mais apropriada para indicar uma ideia ou opinião bem fundamentada em uma discussão mais casual. Por exemplo, **"That's a strong point regarding the need for more public parks."** / "Esse é um argumento forte sobre a necessidade de mais parques públicos." Este uso assegura que o contexto e a intenção sejam claramente entendidos.

ASSAULT

LUCAS: "They assaulted the bank last night." / "Eles assaltaram o banco ontem à noite."
EMILY: "Lucas, se você quer dizer que eles tomaram dinheiro à força, a expressão correta é **'They robbed the bank."**

Dica: O verbo **"assault"** em inglês refere-se a ataques físicos contra pessoas, agre como em **"He was charged with assaulting a police officer."** / "Ele foi acusado de agredir um policial." Para situações onde há furto, especialmente sob ameaça ou violência em locais como bancos, utilizamos **"rob,"** como em **"The gang was caught shortly after they robbed a jewelry store."** / "A quadrilha foi capturada logo após roubarem uma joalheria."

ASSUME

ERIK: "John assumed responsibility for the mistake." / "John assumiu responsabilidade pelo erro."

EMILY: "Erik, para transmitir que John admitiu o erro, você deve dizer, **'John owned up to the mistake.'**

Dica: O verbo **"assume"** em inglês é frequentemente utilizado para expressar a aceitação de uma ideia ou fato sem prova, como em **"I assume you'll be attending the meeting?"** / "Eu presumo que você vai participar da reunião?" No entanto, para expressar a admissão de culpas ou erros, usamos **"own up to,"** indicando uma aceitação honesta de responsabilidade, exemplificado por **"He finally owned up to breaking the window."** / "Ele finalmente admitiu ter quebrado a janela." Essa distinção ajuda a usar o vocabulário corretamente em contextos de admissão de erros ou responsabilidades.

AUDIENCE

ALEXANDRE: "They arranged an audience for next Monday." / "Eles organizaram uma audiência para a próxima segunda-feira."

ANA: "Na verdade, Alexandre, se você está falando de um contexto jurídico, você deve falar, **'They scheduled a hearing for next Monday.'**

Dica: O termo **"audience"** refere-se ao grupo de espectadores ou ouvintes em um evento, como em **"The play was a success, captivating the entire audience."** / "A peça foi um sucesso, cativando toda a plateia." Já **"hearing"** é utilizado para designar sessões formais de discussão e deliberação, frequentemente em ambientes judiciais ou governamentais, exemplificado por **"The committee will hold a hearing to review the proposal."** / "O comitê realizará uma audiência para revisar a proposta."

BALANCE

SARA: "I need a balance to weigh these fruits." / "Eu preciso de uma balança para pesar estas frutas."
MARK: "Sara, se você está falando sobre pesar algo, o termo correto é **'scale.'** Então você deve dizer, **'I need a scale to weigh these fruits.'**

Dica: **"Balance"** em inglês significa 'equilíbrio', principalmente para se referir a um estado de igualdade ou estabilidade, como em **"Finding balance in all aspects of life is challenging."** / "Encontrar equilíbrio em todos os aspectos da vida é um desafio." Para coisas que checam peso, usamos a palavra **"scale,"** aplicável tanto em cozinhas quanto em outros contextos onde precisões são necessárias, exemplo, **"The postal scale showed that the package was too heavy."** / "A balança postal mostrou que o pacote estava muito pesado."

BALCONY

CARLOS: "They serve tea at the balcony." / "Eles servem chá no balcão."
JESSICA: "Carlos, se você está se referindo ao local onde os baristas trabalham e servem chá, você deve dizer **'They serve tea at the counter.'**

Dica: "Balcony" em inglês "sacada, varanda" como em **"We enjoyed the evening breeze on the hotel's balcony."** / "Nós curtimos a brisa da noite na varanda do hotel." Por outro lado, **"counter"** é o termo correto para um balcão onde serviços são prestados ou produtos são exibidos, especialmente em cafés e restaurantes, como em **"Please order your drinks at the counter."** / "Por favor, faça seu pedido no balcão."

BE

RODRIGO: "I'm without my wallet today." / "Eu estou sem minha carteira hoje."
ANNA: "Rodrigo, é mais comum dizer, **'I don't have my wallet today.'**

Dica: Para indicar que você não possui algo consigo ou que algo não está disponível, o inglês prefere o uso do verbo **"have"** em estruturas negativas. Por exemplo, **"We don't have enough chairs for everyone."** / "Não temos cadeiras suficientes para todos." Evitar **"be without"** e usar **"don't have"** torna a comunicação mais fluente e alinhada com o uso nativo do inglês. Assim, **"Do you have the**

report?" é preferível a **"Are you without the report?"** para perguntar se alguém tem algo.

BE

JULIA: "We were five people in the car." / " Éramos cinco pessoas no carro."
MARC: "Julia, você deveria dizer, **'There were five of us in the car.'**

Dica: Quando se fala sobre a quantidade de pessoas em um local em inglês, a construção correta envolve usar **"there were"** seguido por **"of us"** para indicar um grupo. Por exemplo, **"There were four of them in the elevator."** / "Estavam em quatro no elevador." Essa estrutura é padrão em inglês e ajuda a comunicar claramente o número de pessoas envolvidas em uma situação sem causar confusão. A forma correta transmite a informação de maneira natural e fluida para falantes nativos.

BEACH

MARTHA: "We spent the weekend in the beach." / "Nós passamos o final de semana na praia."

TOM: "Martha, a maneira correta de expressar essa ideia é **'We spent the weekend at the beach.'**

Dica: Ao falar sobre locais como a praia em inglês, usamos a preposição **"at"** para referir-se à localização geral, como **"We relaxed at the beach all day."** / "Nós relaxamos na praia o dia todo." Quando você está especificamente sobre a areia, a preposição **"on"** é apropriada, como em **"She found a beautiful shell on the beach."** / "Ela encontrou uma bela concha na praia." Essa diferença é importante para descrever corretamente a sua experiência na praia, ajudando a evitar mal-entendidos sobre sua localização exata.

BEAUTIFUL

FELIPE: "The film is beautiful." / "O filme é lindo."
ANA: "Felipe, **'beautiful'** é usado para se referir à estética visual. Você poderia dizer **'The film is wonderful'** ou **'The film is great.'**

Dica: Em inglês, **"beautiful"** é comumente reservado para descrever coisas que são visualmente atraentes, como em **"The sunset is beautiful."** / "O pôr do sol é lindo." Para expressar admiração por qualidades que não são necessariamente visuais, como filmes, músicas ou livros, é mais apropriado usar termos como **"wonderful," "great,"** ou **"interesting,"** que transmitem apreciação geral. Por exemplo, **"That was a great performance by the orchestra."** / "Foi uma linda apresentação da orquestra." Essa distinção ajuda a adequar o adjetivo ao contexto de maneira mais precisa.

HANDSOME

CARLOS: "That actor is very beautiful." / "Aquele ator é muito bonito."
ANA: "Carlos, embora **'beautiful'** possa às vezes ser usado para descrever homens, é importante notar que muitos autores americanos e britânicos sugerem que usar **'beautiful'** para descrever um homem pode ser percebido como ofensivo. O correto é usar **'handsome'** ao referir-se à beleza de um homem. Você poderia dizer, **'That actor is very handsome.'**

Dica: "Beautiful" é geralmente aplicado a uma ampla gama de sujeitos incluindo mulheres, crianças, paisagens e obras de arte, exemplo **"She looked beautiful in that dress,"** / "Ela estava linda naquele vestido." No entanto, **"handsome"** é o termo mais apropriado e comumente aceito para elogiar a aparência física de homens, especialmente quando se deseja destacar uma elegância, como em **"He was a handsome man with a distinguished air,"** / "Ele era um homem bonito com um ar distinto."

BEEF

RODRIGO: **"She ordered a beef with salad."** / "Ela pediu uma carne bovina com salada."

ISABELA: "Rodrigo, quando você está se referindo a um prato específico preparado, o correto é dizer, **'She ordered a steak with salad.'**

Dica: "Beef" em inglês é usado genericamente para descrever a carne de vaca em termos gerais, como em **"Do you prefer beef or pork?"** / "Você prefere carne bovina ou suína?" Por outro lado, **"steak"** refere-se a um corte específico da carne, geralmente servido como uma peça inteira, exemplo **"Tonight's special is grilled sirloin steak."** / "O especial de hoje é bife de lombo grelhado."

BORING

MÁRCIA: **"It's boring when people call during dinner."** / "É chato quando as pessoas ligam durante o jantar."

RENATO: "Márcia, se você quer dizer que é incômodo ou inconveniente ligarem durante o jantar, você deve falar, **'It's frustrating when people phone during dinner'** ou **'It's annoying when people phone during dinner.'**

Dica: O a palavra **"boring"** é adequada para situações que são monótonas ou que carecem de interesse, como **"That book was so boring, I couldn't finish it."** / "Aquele livro era tão chato que não consegui terminá-lo." Para expressar irritação ou perturbação causada por interrupções, termos como **"frustrating"** ou **"annoying"** fornecem uma descrição mais exata do sentimento, como em **"It's frustrating when interruptions derail our meetings."** / "É frustrante quando interrupções descarrilam nossas reuniões."

BORROW

ROBERTO: **"I asked him to borrow me his car."** / "Eu pedi a ele que me emprestasse o carro."
LÍVIA: "Roberto, a maneira correta de falar é **'I asked him to lend me his car.'**

Dica: Lembre-se, **"borrow"** é utilizado quando você está recebendo algo de alguém temporariamente, como em **"I need to borrow a suit for the interview."** / "Eu preciso pegar um terno emprestado para a entrevista." Em contraste, **"lend"** é usado quando você é a pessoa que está emprestando, como em **"Can you lend me your bike for the day?"** / "Você pode me emprestar sua bicicleta por um dia?"

BROTHER

PEDRO: "Do you have brothers?" / "Você tem irmãos?"
MARIANA: "Pedro, se você quer saber se eu tenho irmãos e irmãs, você deve dizer, **'Do you have siblings?'** or **'Do you have any brothers or sisters?'**

Dica: Em inglês, a palavra **"brother"** refere-se especificamente a irmãos do sexo masculino, enquanto **"sister"** é usada para irmãs do sexo feminino. Se você deseja perguntar de forma genérica, incluindo ambos os sexos, o termo é **"siblings"**. Por exemplo, **"I have two siblings: one brother and one sister."** / "Eu tenho dois irmãos: um irmão e uma irmã."

COLLAR

GUSTAVO: **"He bought his wife a beautiful collar."** / "Ele comprou para sua esposa um lindo colar."
BEATRIZ: "Gustavo, se você está se referindo a uma peça de joia, deve ser **'He bought his wife a beautiful necklace.'**

Dica: A palavra **"collar"** em inglês é usada principalmente para designar a parte de uma peça de roupa que circunda o pescoço, ou uma coleira de animal, como em **"Adjust the collar on your shirt; it's crooked."** / "Ajuste o colarinho da sua camisa; está torto." No entanto, para acessórios decorativos que as pessoas usam em volta do pescoço, o termo apropriado é **"necklace,"** como em **"The diamond necklace was the highlight of the jewelry collection."** / "O colar de diamantes foi o destaque da coleção de joias."

CLOTHES

MARCOS: **"I'm the one who washes the clothes at home."** / "Sou eu quem lava as roupas em casa."
SOFIA: "Marcos, a forma correta de dizer isso é **'I'm the one who does the laundry at home.'**

Dica: A expressão **"do the laundry"** é comumente usada em inglês para referir-se ao conjunto de tarefas relacionadas à limpeza das roupas, que inclui lavar, secar e dobrar. Por exemplo, **"I spend my Sundays doing the laundry, so everything is ready for the week."** / "Eu passo meus domingos fazendo a lavanderia, assim tudo está pronto para a semana." Esta expressão é abrangente e captura todo o processo envolvido no cuidado com as roupas, enquanto **"wash the clothes"** pode ser entendido como apenas a etapa de lavagem.

COMBINE

FELIPE: "This tie doesn't combine with your shirt." / "Esta gravata não combina com sua camisa."
RENATA: "Felipe, você deve dizer, **'This tie doesn't match your shirt'** ou **'This tie doesn't go with your shirt.'**

Dica: Para descrever itens de vestuário que se complementam ou ficam bem juntos em inglês, utilizamos **"match"** ou **"go with."** Essas frases ajudam a enfatizar a compatibilidade estética entre peças de roupa. Por exemplo, **"That scarf matches your sweater beautifully."** / "Esse cachecol combina perfeitamente com seu suéter." E **"Does this jacket go with my jeans?"** / "Essa jaqueta combina com meu jeans?"

COMPREHEND

LUCAS: "I comprehend her point of view." / "Eu compreendo o ponto de vista dela."
SARA: "Lucas, para conversas do dia a dia, é mais típico dizer **'I understand her point of view'** ou **'I see her point of view.'** Lembre-se, **'comprehend'** muitas vezes significa 'englobar,' 'incluir,' ou 'totalizar,' implicando um entendimento mais profundo e mais inclusivo.

Dica: "Comprehend" é usado em contextos mais formais para indicar um entendimento completo e abrangente de conceitos complexos ou detalhados. Por exemplo, **"Scientists strive to comprehend the**

complexities of the human genome." / "Cientistas esforçam-se para compreender as complexidades do genoma humano." Em contraste, **"understand"** e **"see"** são usados em contextos mais cotidianos para expressar entendimento ou percepção de ideias ou pontos de vista, como em **"Do you understand the rules of the game?"** / "Você entende as regras do jogo?" ou **"I see why you think that's the best option."** / "Eu entendo por que você acha que essa é a melhor opção."

COMPREHENSIVE

THIAGO: "Thanks for being so comprehensive." / "Obrigado por ser tão compreensivo."
ANA: "Thiago, o termo correto para alguém que mostra empatia é understanding. Exemplo, **'Thanks for being so understanding.**

Dica: "Comprehensive" é utilizado em inglês para descrever algo que é completo ou que inclui muitos detalhes, como em **"The researcher conducted a comprehensive study on urban development."** / "O pesquisador realizou um estudo completo sobre desenvolvimento urbano." Quando se trata de reconhecer a capacidade de alguém de ser empático ou compreensivo, **"understanding"** é a palavra adequada, como em **"My boss was very understanding when I needed a day off."** / "Meu chefe foi muito compreensivo quando eu precisei de um dia de folga.

CONGRATULATIONS

MIGUEL: "Is it your birthday today? Congratulations!" / "É seu aniversário hoje? Parabéns!"
SOFIA: "Miguel, quando é aniversário de alguém, a saudação correta é **"Happy birthday'** Use **'congratulations'** para realizações especiais ou eventos da vida." Então o certo é: **Is it your birthday? Happy**

birthday!

Dica: **"Congratulations"** é ideal para expressar felicitações por eventos como novos empregos, casamentos, ou outras grandes conquistas. Por exemplo, **"Congratulations on your marriage!"** / "Parabéns pelo seu casamento!" Em contraste, **"Happy birthday"** é usado especificamente para comemorar o aniversário de uma pessoa, indicando alegria e bons desejos para o seu dia, como em **"Happy birthday, may all your wishes come true!"** / "Feliz aniversário, que todos os seus desejos se realizem.

COSTUME

FERNANDO: **"He has the costume of arriving late."** / "Ele tem o costume de chegar atrasado."
BEATRIZ: "Fernando, a palavra correta para ações regulares é **'habit.'** Portanto, 'Você deveria dizer, **'He has the habit of arriving late.**

Dica: Em inglês, o termo **"costume"** quer dizer 'fantasia", como em **"The children dressed in costumes for the school play."** / "As crianças se vestiram com fantasias para a peça escolar." Já **"habit"** é utilizado para indicar comportamentos recorrentes, tanto positivos quanto negativos, exemplificado por **"She has the habit of jogging every morning."** / "Ela tem o hábito de correr todas as manhãs."

COURSE

RAFAEL: **"I'm making an English course."** / "Eu estou fazendo um curso de inglês."

SOFIA: "Rafael, a maneira usual de expressar isso em inglês é **'I'm taking an English course'** ou **'I'm doing an English course.'**

Dica: **"Taking"** ou **"doing"** são os verbos mais comuns para descrever a ação de estar matriculado e ativamente participando de um curso. Por exemplo, **"Are you taking/doing any online courses this semester?"** / "Você está fazendo algum curso online este semestre?"

CURIOSITY

FELIPE: **"Only a curiosity, how did you find this place?"** / "Só uma curiosidade, como você encontrou este lugar?"
LUCIA: "Felipe, você deveria dizer, **'Just out of curiosity, how did you find this place?'**

Dica: Quando você quer fazer uma pergunta que surge de um interesse pessoal sem intenção de ser invasivo, usar **"just out of curiosity"** é uma forma educada e suave de introduzir a questão. Isso comunica que sua pergunta é motivada simplesmente pela curiosidade e não por uma necessidade de informação crítica. Por exemplo: **"Just out of curiosity, why did you decide to move to this city?"** / "Só por curiosidade, por que você decidiu se mudar para esta cidade?"

DAY

PAULO: **"Which day is it today?"** / "Que dia é hoje?"
MARIANA: "Paulo, se você quer saber a data específica, é melhor dizer, 'What's the date today?' ou 'What's today's date?'"

Dica: Para diferenciar entre o dia da semana e o dia do mês em inglês, usamos perguntas específicas. **"What day is it today?"** é usado quando queremos saber se é segunda-feira, terça-feira, etc. Para saber sobre a data, como o dia do mês, utilizamos **"What's the date today?"** ou **"What's today's date?"** Por exemplo, se alguém perguntar em uma reunião, **"Can you remind me, what's the date today?"** / "Você pode me lembrar, qual é a data de hoje?"

DECEPTION

ROBERTO: "Our team lost. What a deception!" / "O nosso time perdeu. Que decepção!"

MARTA: "Roberto, se você está expressando frustração pela derrota, você deveria dizer, **'What a letdown!'** or **'What a disappointment!'**

Dica: "Deception" quer dize: engano ou armação, como em **"The fraud was carried out with such deception that it went unnoticed for years."** / "A fraude foi realizada com tamanha armação que passou despercebida por anos." Para expressar sentimentos de desapontamento quando as expectativas não são atendidas, utilize **"letdown"** ou **"disappointment."** Por exemplo, **"Missing the finals was a huge disappointment to the team."** / "Perder a final foi uma grande decepção para o time." Usar a expressão correta conforme o contexto garante comunicação clara e adequada.

DEPEND

FELIPE: "I'm planning a trip to the beach this weekend. It depends of the weather." / "Talvez eu vá para a praia neste final de semana. Depende do tempo."

ANA: "Felipe, a maneira correta de dizer isso é **"It depends on the**

weather.' Ao indicar dependência em inglês, **'on'** é a preposição apropriada para usar."

Dica: A expressão **"depends on"** é usada para indicar que uma ação ou decisão é condicionada por outro fator. Isso é comum em conversas do dia dia , especialmente ao discutir planos futuros, como em **"Our trip to the mountains depends on the road conditions."** / "Nossa viagem para as montanhas depende das condições da estrada."

DIET

LUÍS: 'You will have to make a diet.' / "Você vai ter de fazer um regime."
SOFIA: "Luís, a frase correta em inglês é **'You'll have to go on a diet.'**

Dica: A expressão **"go on a diet"** é comumente usada para descrever o ato de adotar um regime alimentar controlado, muitas vezes com o objetivo de perder peso ou melhorar a saúde. Por exemplo, **"My doctor advised me to go on a diet to improve my cholesterol levels."** / "Meu médico me aconselhou a entrar em uma dieta para melhorar meus níveis de colesterol." Utilizar **"go on a diet"** transmite a ideia de compromisso com uma nova rotina alimentar, enquanto **"make a diet"** não é correto nesse contexto.

DISCUSS

JOÃO: **"They were discussing in the other room."** / "Eles estavam discutindo no outro quarto."
ANA: "João, se eles estavam tendo um desacordo acalorado, é mais apropriado dizer **'They were arguing in the other room'** ou **'They were having a fight.'** Em inglês britânico, também é adequado dizer

'They were having a row' 'Eles estavam tendo uma briga.'

Dica: O verbo **"discuss"** implica uma conversa amigável sobre algum assunto, sem envolver conflito, como em **"Let's discuss the details of the project."** / "Vamos discutir os detalhes do projeto." Por outro lado, **"argue,"** **"have a fight,"** e **"have a row"** indicam uma troca mais intensa e emocional, muitas vezes com discordância e tensão, como em **"They argue about politics all the time."** / "Eles brigam por política o tempo todo."

DIVORCE

LUCAS: "My sister wants to divorce." / "Minha irmã quer se divorciar."
MARIANA: "Lucas, é mais correto dizer **'My sister wants to get divorced'** ou **'My sister wants to get a divorce.'**

Dica: Em inglês, quando alguém deseja encerrar formalmente um casamento, as expressões corretas são **"get divorced"** ou **"get a divorce."** Por exemplo, **"He decided to get a divorce after several years of difficulties."** / "Ele decidiu se divorciar após vários anos de dificuldades." Se você está falando sobre a ação de iniciar o processo legal para terminar o casamento, usar **"get divorced"** ou **"get a divorce"** ajuda a especificar a ação. Alternativamente, se referindo diretamente à ação contra o cônjuge, pode-se usar **"divorce someone,"** como em **"She decided to divorce her husband due to irreconcilable differences."** / "Ela decidiu se divorciar do marido devido a diferenças irreconciliáveis."

EDUCATED

RODRIGO: "He's not very educated. He was rude with the waiter." / "Ele não é muito educado. Ele foi grosso com o garçom."
ISABELA: "Rodrigo, quando você está se referindo aos modos de alguém, o termo correto é **'polite '** no sentido de cortês. Em vez disso, você deveria dizer, **'He's not very polite. He was rude with the waiter.'**

Dica: A palavra **"educated"** em inglês está associada à formação acadêmica ou ao nível de instrução de uma pessoa, como em **"He was educated at a well-known college."** / "Ele é educado numa faculdade bem conhecida." Já **"polite"** refere-se ao comportamento civilizado e respeitoso, crucial em interações sociais, exemplo **"Being polite can open many doors in both personal and professional relationships."** / "Ser educado pode abrir muitas portas em relacionamentos pessoais e profissionais."

ELABORATE

PAULO: "We have to elaborate a text for German class." / "Nós temos de elaborar um texto para a aula de alemão."
RENATA: "Paulo, se você quer dizer que precisa escrever ou criar um texto, a forma correta seria **'We have to write a text for German class'** ou **'We have to create a text for German class.'"**

Dica: O verbo **"elaborate"** em inglês é utilizado no sentido de expandir algo em detalhes, contar ou explicar algo com detalhes", não para o ato de produção inicial de um texto. Por exemplo, se alguém diz **"Please elaborate on your ideas,"** / "Por favor, conte com detalhes suas ideias," está pedindo por mais informações ou uma descrição mais detalhada. Em contextos acadêmicos ou criativos, onde o objetivo é produzir ou compor algo novo, como um texto ou documento, **"write"** ou **"create"** são os verbos mais adequados e precisos para usar.

ENGLISH

TIAGO: "He doesn't have a good English." / "Ele não tem um bom inglês."
ANA: "Tiago, se você está tentando comentar sobre a habilidade dele, você deveria dizer 'He doesn't speak English well' ou 'His English needs improvement.'

Dica: Quando se fala sobre a proficiência em inglês de alguém, é comum usar expressões como **"speak English well"** para indicar a fluência na fala ou **"His English is proficient"** para uma avaliação mais geral. Por exemplo, **"They speak English well enough to communicate effectively,"** / "Eles falam inglês bem o suficiente para se comunicarem eficazmente," mostra um nível adequado de habilidade. Outra forma de expressar uma necessidade de melhoria seria **"Her English could use some work,"** / "O inglês dela poderia ser melhorado," que sugere que ainda há áreas a desenvolver.

ENTER

MARCOS: "I entered the bus with the other people." / "Eu entrei no ônibus com as outras pessoas."
CLARA: "Marcos, ao referir-se a entrar em transporte público, você deve dizer **'I got on the bus with the other people'** ou **'I boarded the bus with the other people.'**

Dica: Os verbos **"get on"** e **"board"** são usados especificamente para indicar o embarque em diferentes tipos de transporte, proporcionando uma descrição precisa da ação. Exemplos práticos incluem **"Let's get on the boat and start our journey,"** / "Vamos embarcar no barco e começar nossa viagem," e **"Boarding the aircraft will begin at gate 15,"** / "O embarque no avião começará no portão 15."

ESTATE

CARLOS: **"He lives in the estate of Rio de Janeiro."** / "Ele mora no estado de Rio de Janeiro."
LUCIA: "Carlos, ao falar sobre uma região dentro de um país, o termo correto é **'state.'** Então, você deveria dizer, **'He lives in the state of Rio de Janeiro.'**

Dica: **"Estate"** é usado para referir-se a propriedades imobiliárias, grandes áreas de terra ou o conjunto de bens de uma pessoa após sua morte, por exemplo, **"He inherited a large estate from his grandparents,"** / "Ele herdou uma grande propriedade dos seus avós," ou **"The executors are responsible for managing the deceased's estate,"** / "Os executores são responsáveis por administrar os bens do falecido." Em contraste, **"state"** é utilizado para designar divisões territoriais em países, como **"The state of Florida is known for its warm climate,"** / "O estado da Flórida é conhecido pelo seu clima quente."

EQUIPMENT

ROBERTO: **"The company ordered the equipments."** / "A empresa encomendou os equipamentos."
SARA: "Roberto, lembre-se de que **'equipment'** é um substantivo incontável em inglês, então nunca deve ser pluralizado. A forma correta de dizer é, **'The company ordered the equipment.'**

Dica: Quando você está falando sobre itens como equipamento em inglês, mesmo se referindo a vários, a palavra **'equipment'** sempre permanece na forma singular. Se você precisar indicar quantidade, utilize expressões como **"a piece of equipment"** ou **"several pieces of equipment."** Por exemplo: **"This job will require three pieces of equipment to be completed efficiently,"** / "Este trabalho exigirá três equipamentos para ser terminado de forma eficiente," ou **"The technician used a special piece of equipment to repair the**

machine," / "O técnico usou um equipamento especial para consertar a máquina."

STUDIOUS

LUCAS: "The studious discovered the cure for rancenise." / "Os estudiosos descobriram a cura para a rancenise."

FERNANDA: "Lucas, parece que há uma pequena confusão na sua afirmação. **'Studious'** refere-se a pessoas que estudam muito ou são diligentes nos estudos, mas não é a palavra certa para descrever especialistas ou profissionais em um campo. Você deveria dizer, **'The scholars discovered the cure for rancenise'** "Os estudiosos descobriram a cura para a rancenise," pois **'scholars'** refere-se a especialistas que conduzem pesquisas profundas e são autoridades em seus campos acadêmicos."

Dica: Ao falar sobre descobertas ou contribuições acadêmicas, é importante usar **'scholars'** para referir-se àqueles com especialização e conhecimento profundo em um assunto. Por outro lado, **'studious'** é melhor usado para descrever uma característica pessoal de alguém que é aplicado e assíduo em seus esforços de estudo, sem implicar um nível profissional de especialização.

EVENTUALLY

RODRIGO: "I met him at the club eventually." / "Eu o conheci no clube eventualmente."

LARA: "Rodrigo, **'Eventually'** não é a palavra certa para usar nessse contexto se você quiser passar a ideia do que aconteceu de forma espontânea. **'Eventually'** implica que algo acontece após um longo período ou como um resultado final. Você deveria falr **'I met him at the club by chance'** para transmitir que foi um encontro não planejado."

Dica: Use **'eventually'** para descrever eventos que concluem após certo tempo ou desenvolvimentos, significando "finalmente", "no futuro
próximo", "no final". Por exemplo, **"Eventually, she agreed to go out for coffee."** / "finalmente, ela concordou em sair para tomar um café." Em contraste, **'by chance'** é perfeito para situações que ocorrem sem qualquer intenção ou planejamento prévio, como **"They found the hidden key by chance while cleaning the house."** / "Eles encontraram a chave escondida por acaso enquanto limpavam a casa."

FABRIC

GUILHERME: **"Tesla opened a new fabric."** / "Tesla abriu uma nova fábrica."

LÍVIA: "Guilherme, você pode ter usado a palavra errada. **'Fabric'** refere-se a tecido ou material usado para fazer coisas como roupas ou cortinas. Se você está falando de um local onde produtos são fabricados (fábrica), os termos corretos seriam **'Tesla opened a new factory'** ou 'Ford opened a new plant.'"

Dica: Enquanto **"fabric"** é utilizado para descrever materiais têxteis, como em **"We need more fabric to finish the project,"** / "Precisamos de mais tecido para terminar o projeto," as palavras **"factory"** e **"plant"** são usadas para instalações industriais. Por exemplo, **"The new car plant will create hundreds of jobs,"** / "A nova fábrica automotiva criará centenas de empregos."

FANTASY

MARCELO: **"Are you going to wear a fantasy to the party?"** / "Você vai usar uma fantasia na festa?"

BEATRIZ: "Marcelo, **'fantasy'** refere-se a algo imaginado ou irreal. Para trajes usados em uma festa, você deve usar **'Are you going to wear a costume to the party?'** No Reino Unido, você poderia ouvir

'Are you going to wear a fancy dress to the party?'

Dica: Enquanto "fantasy" é usado para descrever conceitos ou histórias baseadas na imaginação, como em **"The film explores a fantasy world where dragons and humans coexist,"** / "O filme explora um mundo de fantasia onde dragões e humanos coexistem," **"costume"** e **"fancy dress"** são termos específicos para descrever roupas para festas ou eventos temáticos. Exemplo: **"Everyone was impressed by his pirate costume at the theme party,"** / "Todos ficaram impressionados com a fantasia de pirata dele na festa temática," ou **"At the annual ball, guests are required to wear fancy dress,"** / "No baile anual, os convidados devem usar fantasia."

FAT

RODRIGO: **"You look a bit fat."** / "Você está um pouco gordo."
CAMILA: "Rodrigo, é melhor evitar usar 'fat' pois pode ser ofensivo. Em vez disso, diga **'You look a bit overweight,'** **'You seem a bit heavy,'** ou **'You appear a bit chubby.'**

Dica: Para falar do peso de alguém, escolha palavras com cuidado para não magoar ou ofender. Termos como **"overweight,"** **"heavy,"** e **"chubby"** são opções mais suaves comparadas a **"fat."** Por exemplo, ao falar de uma criança, você dizer: **"He's gotten a bit chubby, hasn't he?"** / "Ele ficou um pouco fofinho, não é?"

FINGER

PEDRO: **"He stepped on a piece of glass and cut his finger."** / "Ele pisou num caco de vidro e cortou o dedo."
ANA: "Pedro, parece que houve uma confusão na sua descrição. Em inglês, 'finger' é usado para os dedos das mãos. Se ele machucou o pé, você deveria dizer **'He stepped on a piece of glass and cut his toe.'**

Dica: Lembre-se de usar **'finger'** apenas para os dedos das mãos e **'toe'** para os dedos dos pés. Por exemplo: **"I broke my finger playing basketball,"** / "Eu quebrei meu dedo jogando basquete," versus **"He stubbed his toe on the table leg,"** / "Ele topou o dedo do pé na perna da mesa."

FROM

TIAGO: **"She gave me a little table made from wood."** / "Ela me deu uma mesinha feita de madeira."
JULIA: "Tiago, para objetos em que o material original ainda está em seu estado natural, dizemos ' made of.' A forma correta é **'She gave me a little table made of wood."**

Dica: Utilizamos **"made of"** para indicar que um objeto é composto por um material em seu estado mais puro, como **"This ring is made of gold,"** / "Este anel é feito de ouro." Por outro lado, **"made from"** é usado quando o material foi transformado substancialmente para criar o produto final, como em **"Rubber is made from latex,"** / "A borracha é feita de látex," ou **"Fabric is made from yarn,"** / "O tecido é feito de fio." Essa diferenciação é essencial para descrever corretamente a composição dos objetos e os processos de sua fabricação.

HEADACHE

FERNANDO: **"I am with a headache."** / "Eu estou com dor de cabeça."

SOFIA: "Fernando, em inglês, normalmente expressamos dor de cabeça **como 'I have a headache' ou 'I've got a headache.'**

Dica: Em inglês, o verbo **"have"** é usado para descrever condições físicas ou doenças. Por exemplo, **"I have a cold"** significa **"Estou**

resfriado." Da mesma forma, dizer **"I am cold"** expressa uma sensação física, como em **"Eu estou com frio."** Essa diferença entre **"have"** para condições e **"am"** para sensações é fundamental para usar o inglês corretamente e comunicar eficazmente seu estado ou condição física.

HIGH

LUCAS: "The music is too high." / "A música está muito alta."
JULIA: "Lucas, quando se fala de volume de música, a forma correta é **'loud'** e não **'high.'** Entao, a forma correta é **'The music is too loud.'**

Dica: "Loud" é o termo que descreve altura de sons, e é usado quando o som está em um nível que pode ser perturbador. Por exemplo: **"I couldn't hear you over the loud music at the party,"** / "Eu não conseguia te ouvir por causa da música alta na festa."

HIT

ROBERTO: "He hit the car." / "Ele bateu o carro."
LÍVIA: "Roberto, se você está se referindo a um acidente, é mais preciso dizer **'He crashed the car'** ou **'He was involved in a car accident.'**

Dica: Em inglês, **'crash'** é usado quando há um impacto, especialmente envolvendo veículos, como em **"The driver lost control and crashed into a tree,"** / "O motorista perdeu o controle e bateu em uma árvore." **'Hit'** é aplicado quando um objeto ou veículo colide com algo ou alguém, como em **"The car hit a barrier on the highway,"** / "O carro bateu em uma barreira na rodovia." Essas expressões são escolhidas para indicar a natureza e a gravidade do incidente de forma clara e precisa.

IN

FELIPE: "I saw Ana in the bus last Sunday." / "Eu vi Ana no ônibus domingo passado."
ISABEL: "Felipe, quando você está se referindo a alguém dentro de um veículo como um ônibus, o correto é usar a preposição 'on.' Você deve dizer, **'I saw Ana on the bus last Sunday.'**

Dica: A preposição **'on'** é usada para expressar a presença dentro de grandes meios de transporte coletivo (público), destacando a ação de viajar com o veículo. Por exemplo, **"They met on the airplane,"** / **"Eles se conheceram no avião."** Da mesma forma, **"on the bus"** ou **"on the train"** são usados para mostrar que a pessoa está a bordo.

INDICATE

CARLOS: **"Can you indicate a good private teacher?"** / "Você pode indicar um bom restaurante?"
BEATRIZ: "Carlos, **"indicate"** é mais sobre apontar ou mostrar direções. Para fazer uma sugestão sobre um profissional ou local, o correto é **'Can you recommend a good private teacher?"** ou **'Can you suggest a good private teacher?"**

Dica: 'Indicate' é utilizado para demonstrar ou apontar algo, como em **"The gauge indicates full pressure,"** / "O medidor indica pressão máxima," ou **"Her expression indicated that she was unhappy,"** / "Sua expressão indicava que ela estava infeliz." Quando se trata de dar conselhos ou recomendações, **'recommend'** e **'suggest'** são os verbos certos. Exemplos incluem **"I recommend visiting the museum if you enjoy modern art,"** / "Eu recomendo visitar o museu se você gosta de arte moderna," ou **"Can you suggest a good place for coffee?"** / "Você pode sugerir um bom lugar para tomar café?"

INFORMATION

RODRIGO: **"I gave him some informations about the product."** / "Eu dei ao cliente algumas informações sobre o produto."
LUCIA: "Rodrigo, é importante notar que **'information'** não é usado no plural em inglês. Em vez disso, você deve dizer, **'I gave him some information about the product'** ou **'I provided him with information about the product.'**

Dica: **"Information"** sempre deve permanece no singular, independentemente da quantidade de dados envolvida. use frases como **"She needs more information before making a decision,"** / "Ela precisa de mais informações antes de tomar uma decisão," ou **"The website offers detailed information on its services,"** / "O site oferece informações detalhadas sobre seus serviços Caso você veja a necessidade de quantificar **"information"** em inglês, você pode usar as expressões **"a piece of.."** para um único dado ou fato, e **"pieces of..."** para muitos fatos. Exemplo: **"Let me give you a piece of information that might help."** / "Deixe-me dar-lhe uma informação que pode ajudar." Ou **"We gathered several pieces of information for our report."** / "Nós reunimos várias informações para o nosso relatório."

INTERIOR

FELIPE: **"He lives in the interior of Rio Grande do Norte."** / "Ela mora no interior do Rio Grande do Norte."
CLARA: "Felipe, quando você se refere a alguém que vive longe dos centros urbanos, é mais preciso usar termos como **'He lives in the countryside of Rio Grande do Norte,'** **' He lives in rural Rio**

Grande do Norte,' ou **simply ' He lives in the country.'"**

Dica: Em inglês, a palavra **"interior"** pode ser confundida com o interior de um espaço físico, como um prédio ou veículo. Para descrever áreas que são predominantemente agrícolas ou menos desenvolvidas do que cidades grandes, **"countryside"** e **"rural"** são os termos adequados. Por exemplo, **"Living in the countryside offers a peaceful lifestyle away from city noise,"** / "Morar no interior oferece um estilo de vida pacífico, longe do barulho da cidade."

JAR

CARLOS: **"We ordered a jar of lemon juice."** / "Nós pedimos uma jarra de suco de limão."
SANDRA: "Carlos, só uma observação rápida: **'jar'** geralmente refere-se a um recipiente de vidro menor, muitas vezes com tampa, usado principalmente para armazenar alimentos como geleias ou azeitonas. Para bebidas, especialmente quando se pede uma grande quantidade, é mais correto usar **'jug'** ou **'pitcher.'** Portanto, você pode falar, **'We ordered a jug of lemon juice'** ou **'We ordered a pitcher of lemon juice.'**

Dica: Quando se fala em recipientes em um restaurante ou em casa, escolher a palavra certa pode ajudar a clarear a sua intenção. Um **"jar"** é ideal para itens de armazenamento em menor escala, enquanto **"jug"** e **"pitcher"** são melhores para servir líquidos em maiores quantidades. Exemplos práticos incluem **"She keeps her coffee in a small ceramic jar,"** / "Ela guarda o café em um pequeno pote de cerâmica," contrastando com **"Could you bring a pitcher of lemonade to the patio?"** / "Você poderia trazer uma jarra de limonada para o pátio?"

KNOW

JOÃO: "Did you know a lot of people on your trip?" / "Você conheceu muita gente na sua viagem?"

LÍVIA: "João, o verbo **'know'** implica familiaridade ou uma relação contínua. Se você está perguntando sobre pessoas que eu conheci pela primeira vez na viagem, a pergunta correta seria**, 'Did you meet a lot of people on your trip?'**

Dica: Para diferenciar entre conhecer alguém no sentido de já ter um relacionamento e encontrar alguém pela primeira vez, usamos **'know'** e **'meet'** respectivamente. Por exemplo, **"I know several people from my college days,"** / "Eu conheço várias pessoas dos meus dias de faculdade," mostra uma familiaridade existente, enquanto **"I met my best friend on the first day of work,"** / "Eu conheci meu melhor amigo no primeiro dia de trabalho."

LAMP

ANDRÉ: "You will have to change the lamp." / "Você tem que trocar a lâmpada."

SOFIA: "André, parece que você está se referindo à parte que realmente produz luz. Nesse caso, o termo correto é **' light bulb.'** Você deveria dizer, **'You will have to change the light bulb.'**

Dica: O termo **"lamp"** é usado para descrever o aparelho completo que proporciona luz, como um **abajur** ou uma luminária de mesa, como em **"She turned off the lamp before going to bed,"** / "Ela desligou o abajur antes de ir dormir." Por outro lado, **"light bulb"** é o termo específico para o componente que ilumina dentro desses aparelhos, como em **"That light bulb has been flickering; we need to replace it,"** / "Essa lâmpada está piscando; precisamos trocá-la."

LEGEND

RICARDO: "The film has legends." / "O filme tem legendas."

MARIA: "Ricardo, **'legends'** não é a palavra correta para textos em filmes. Se você quer dizer o texto na parte inferior da tela que traduz diálogos, você deveria dizer **'The film has subtitles.'** 'Legend' refere-se a uma história tradicional ou mito."

Dica: Lembre-se, "legend" em inglês é usado para descrever mitos ou histórias folclóricas, como em **"According to legend, the city was founded by Hercules,"** / "Segundo a lenda, a cidade foi fundada por Hércules." Para descrições textuais em filmes, usamos **"subtitle,"** e para pequenas descrições de imagens ou fotografias em livros e apresentações, o termo é **"caption,"** como em **"The caption under the photo describes the building's history,"** / "A legenda sob a foto descreve a história do prédio."

LIKE

JULIANA: "I'm liking this concert. It's so lively!" / "Eu estou gostando do show. Está muito animado!"

TOMÁS: "Juliana, é mais natural em inglês dizer **'I'm enjoying this party'** ou **'I really like this concert.'** O verbo **'like'** geralmente não é usado na forma contínua porque é um verbo de estado, que descreve um estado de ser em vez de uma ação."

Dica: Verbos de estado, como **'like'**, **'love'**, **'hate'**, e **'want'**, são normalmente usados em sua forma simples para expressar gostos, sentimentos ou desejos permanentes ou de longo prazo. Por exemplo, **"I love chocolate,"** / "Eu amo chocolate," e **"She wants a new car,"** / "Ela quer um carro novo." Em situações onde uma ação contínua precisa ser expressa, é melhor usar verbos dinâmicos como **'enjoy'** ou **'appreciate'**, por exemplo, **"He is enjoying the concert,"** / "Ele está gostando do show."

LISTEN

RODRIGO: **"I always listen music."** / "Eu sempre ouço música."

ANA: "Rodrigo, quando você está falando sobre prestar atenção a sons ou música, é gramaticalmente correto dizer **'I always listen to music.'** O verbo **'listen'** requer a preposição **'to'** quando seguido pelo objeto que você está ouvindo."

Dica: O verbo **"listen"** sempre deve ser usado com a preposição **"to"** em contextos onde você está se referindo a ouvir algo intencionalmente. Por exemplo, **"You should listen to the lecture,"** / "Você deveria ouvir a palestra," e **"She listens to the radio every morning,"** / "Ela ouve o rádio todas as manhãs." Isso destaca a ação de dar atenção ao som, diferentemente de apenas ouvir passivamente. Mudar a preposição ou omiti-la pode alterar o significado ou a correção do que você deseja comunicar.

LOSE

FÁBIO: **"Hurry up or we will lose the bus!"** / "Anda logo ou perderemos o ônibus!"
CLÁUDIA: "Fábio, a frase correta a usar se você está preocupado em não pegar o ônibus a tempo é **'Hurry up or we will miss the bus!'** O verbo **'lose'** é usado quando você não consegue encontrar algo ou deixado em algum lugar que não se lembra."

Dica: Lembre-se, **"miss"** é usado para indicar a falha em pegar ou alcançar algo programado, como em **"She missed her flight due to traffic,"** / "Ela perdeu o voo por causa do trânsito." Por outro lado, **"lose"** é aplicado quando algo é fisicamente perdido e não pode ser encontrado, como em **"He lost his keys last night,"** / "Ele perdeu as chaves ontem à noite."

LUNCH

HENRIQUE: **"Let's lunch before we go out."** / "Vamos lanchar antes de sair."

DANIELA: "Henrique, **'lunch'** como verbo não é usado em inglês da maneira que você pode pensar. Se você quer dizer ter uma refeição leve ou um lanche, você deveria dizer, **"Let's lunch before we go out."** ou **'Let's have a bite before we go out.'**

Dica: Em inglês, **"lunch"** é usado como substantivo para descrever a refeição do meio-dia, como em **"What are we having for lunch?"** / "O que vamos ter para o almoço?" Para falar sobre comer algo de forma rápida ou informal, expressões como **"have a snack"** ou **"have a bite"** são mais adequadas e coloquiais. Por exemplo, **"I just need to have a quick bite before we leave,"** / "Só preciso comer algo rápido antes de sairmos."

MANIFESTATION

LUCAS: **"I've never participated in a manifestation."** / "Eu nunca participei de uma manifestação."

MARIANA: "Lucas, se você está se referindo a um protesto público ou comício, o termo correto em inglês é 'demonstration.' Você deveria dizer, **'I've never participated in a demonstration.'**

Dica: **"Manifestation"** em inglês é frequentemente usado para descrever a ocorrência de um evento, fenômeno ou condição, como em **"Frequent headaches can be a manifestation of stress,"** / "Dores de cabeça frequentes podem ser uma manifestação de estresse." Para eventos como protestos ou reuniões públicas, "demonstration" é a palavra apropriada. Por exemplo, **"Thousands gathered for the**

climate change demonstration," / "Milhares se reuniram para a demonstração sobre mudança climática."

MARRIAGE

FELIPE: "I didn't go to her marriage." / "Eu não fui ao casamento dela."
ISABELA: "Felipe, se você se refere à cerimônia em si, o termo correto é 'wedding.' Você deveria dizer, **'I didn't go to her wedding.'**

Dica: "Marriage" é usado para descrever o conceito ou estado de estar casado, como em **"They are celebrating ten years of marriage,"** / "Eles estão celebrando dez anos de casamento." Quando falamos sobre o evento específico onde duas pessoas se casam, usamos **"wedding"** para a cerimônia e **"wedding party"** para a festa. Por exemplo, **"The wedding ceremony took place at the beach,"** / "A cerimônia de casamento aconteceu na praia." e **"We danced all night at the wedding party,"** / "Nós dançamos a noite toda na festa de casamento."

MARK

RODRIGO: "What mark of coffee do you prefer?" / "Qual marca de café você prefere?"
JULIA: "Rodrigo, quando perguntar sobre a empresa ou tipo de um produto, você deve usar **'brand.'** A maneira correta de perguntar seria, **'What brand of coffee do you prefer?'**

Dica: "Brand" é o termo usado para referir-se ao nome comercial de produtos, diferenciando-os de outros similares no mercado, como em **"She only buys designer brands,"** / "Ela só compra marcas de designer." Não confunda **"brand"** com **"mark,"** que geralmente se refere a uma nota ou impressão física. Por exemplo, **"This table has a**

mark where the paint chipped off," / "Esta mesa tem uma marca onde a tinta descascou."

MARRY

CARLOS: "Elon married with Hellen in 1975." / "Elon casou-se com a Hellen em 1975."

ANA: ""Carlos, quando você está falando do ato de se casar, não precisa usar a preposição **'with'** depois de **'married.'** A forma correta de dizer seria, **Elon married Susan in 1975,' Elon and Hellen got married in 1975,' ou Elon got married to Hellen in 1975.'"**

Dica: Lembre-se, **"married"** seguido diretamente pelo nome da pessoa é o uso padrão. **"Married with"** pode ser usado em contextos diferentes para indicar o estado civil em relação à família, como em **"I'm married with two kids,"** / "Sou casado e tenho dois filhos," que transmite que a pessoa é casada e tem filhos, mas não é a estrutura usada para especificar com quem alguém se casou.

MUSIC

LUCAS: **"I don't like three musics on the CD."** / "Eu não gosto de três músicas nesse CD."
BEATRIZ: "Lucas, quando você está falando sobre canções ou peças individuais em um CD, os termos corretos são 'songs,' 'tracks,' ou 'cuts.' Você deveria dizer, **'I don't like three songs on the CD,' 'I don't like three tracks on the CD,' or 'I don't like three cuts on the CD.'**

Dica: A palavra **"music"** é usada para se referir ao conceito geral de música ou a gêneros musicais, não a itens específicos dentro de um álbum. Por exemplo, **"She loves listening to music,"** / "Ela adora ouvir música," se refere a música em geral. Em contrapartida, **"track"**

é frequentemente usado para indicar uma faixa específica dentro de um álbum, como em **"Track 10 is the best on the album,"** / "A faixa 10 é a melhor do álbum."

NATURE

TIAGO: "The nature in the Amazon is beautiful." / "A natureza na Amazônia é linda."

RENATA: "Tiago, é mais correto dizer **'The wilderness in the Amazon is beautiful'** quando se refere às áreas naturais intocadas. Geralmente não usamos 'a' com 'natureza' ao falar sobre a natureza em geral. 'Região selvagem' captura melhor o aspecto intocado dos ambientes naturais."

Dica: Quando discutindo grandes áreas de terra natural não exploradas pelo homem, **'wilderness'** é o termo correto. Por exemplo, **"Alaska's wilderness is home to many species not found anywhere else,"** / "A natureza do Alasca é lar de muitas espécies que não são encontradas em nenhum outro lugar." Por outro lado, quando falamos do impacto humano no planeta ou questões mais amplas relacionadas ao meio ambiente, **'environment'** é o termo apropriado, como em **"We must take steps to protect the environment,"** / "Devemos tomar medidas para proteger o meio ambiente."

OUTDOOR

FELIPE: "They have outdoors around the city" / "Eles têm outdoors pela cidade toda para fazer propaganda de suas roupas."

MARTA: "Felipe, **'outdoor'** é na verdade usado para descrever atividades ou eventos que ocorrem ao ar livre. Se você quer falar de grandes placas de propaganda, você deve dizer **'They have billboards around the city'** or **'They have hoardings around the city','**

dependendo de se está usando inglês americano ou britânico."

Dica: Lembre-se de que **"outdoor"** como adjetivo é utilizado para descrever algo que é feito ou localizado fora de espaços fechados, como em **"outdoor activities,"** / "atividades ao ar livre." Para grandes estruturas de publicidade, usamos **"billboard"** nos EUA e **"hoarding"** no Reino Unido. Por exemplo, **"The new movie is advertised on a giant billboard downtown,"** / "O novo filme está sendo anunciado em um grande outdoor no centro da cidade

ACHE

RODRIGO: **"I have an ache in my leg."** / "Eu tenho uma dor na perna."

ANA: "Rodrigo, a palavra **'ache'** é usada em substantivos compostos como **'headache' ou 'stomachache,'** ou como verbo, como em **'My muscles ache after exercise.'** Para uma dor específica e localizada, é mais correto dizer **'I have a pain in my leg.'** Isso implica uma sensação mais intensa ou aguda, frequentemente ligada a uma lesão ou doença."

Dica: **"Ache"** descreve uma dor contínua e menos intensa, que não é necessariamente aguda, enquanto **"pain"** pode ser usada para descrever uma experiência de desconforto mais intensa e pode ser causada por uma doença ou um estímulo externo. Por exemplo, **"She felt a sharp pain in her side,"** / "Ela sentiu uma dor aguda no lado."

PANT

CARLA: **"I have to buy a new pants."** / "Eu preciso comprar uma

calça nova."
MARCOS: "Carla, lembre-se de que **'pants'** é sempre usado no plural em inglês, mesmo quando se refere a apenas um item. Você dever dizer, **'I have to buy some new pants,' 'I have to buy new pants,' ou 'I have to buy a new pair of pants.'**

Dica: Em inglês, roupas que consistem em duas partes ou pernas, como calças, são tratadas como plurais. Nunca usamos **"a pants"** porque seria gramaticalmente incorreto. Se precisar especificar que é apenas um item, use **"a pair of"** para deixar claro que se refere a um único conjunto. Por exemplo, **"She bought a pair of pants for the interview,"** / "Ela comprou um par de calças para a entrevista."

PARCEL

LUÍS: **"I'm paying for the car in parcels."** / "Eu estou pagando o carro em parcelas."
SOFIA: "Luís, quando você se refere a fazer pagamentos, o termo correto em inglês é **'installments.'** Você deveria dizer, **'I'm paying for the car in installments.'** A palavra **'parcel'** é usada para descrever um pacote ou um item embrulhado."

Dica: **"Installments"** refere-se ao método de pagamento dividido em várias parcelas ao longo de um período, comum em compras de alto valor. Por exemplo, **"She's buying her new laptop in installments,"** / "Ela está comprando o novo laptop em prestações." Em contraste, **"parcel"** é usado principalmente para indicar pacotes enviados ou recebidos, como em **"I received a parcel from my family overseas,"** / "Eu recebi um pacote da minha família no exterior."

PARTICULAR

FERNANDA: "She studies at a particular school." / "Ela estuda numa escola particular."

**CAIO: "Fernanda, se você quer dizer que a escola não é administrada pelo governo, o termo correto em inglês é 'private school.' Você deveria dizer, 'She studies at a private school.' A palavra 'particular' significa 'específico' em inglês."

Dica: Quando quiser referir-se a uma escola que é operada independentemente do sistema público de educação e geralmente financiada por mensalidades, use **"private school."** Por exemplo, **"Private schools often have smaller class sizes,"** / "Escolas particulares frequentemente têm turmas menores." Em contraste, **"particular"** é usado para destacar algo específico ou único, como em **"He had particular requirements for the project,"** / "Ele tinha requisitos específicos para o projeto."

PIECE

RENATO: "He can't repair the car as he lacks the necessary piece." / "Ele é não pode consertar o carro pois falta a peça necessária."

LÍVIA: "Renato, quando você está falando sobre componentes de uma máquina ou veículo, a palavra correta é 'part.' Você deveria dizer, ' **He can't repair the car as he lacks the necessary part** ' O termo **'piece'** é tipicamente usado para porções de um todo, como uma fatia de algo."

Dica: "Part" é o correto para se referir a peças em sistemas mecânicos ou eletrônicos, onde cada segmento tem uma função distinta, como em **"We need to order a new part for the printer,"** / "Precisamos encomendar uma nova peça para a impressora." Por outro lado, "piece" é mais usado para objetos que são fisicamente segmentados ou podem ser divididos, como em **"He cut the rope into smaller pieces,"** / "Ele cortou a corda em pedaços menores."

PRAYER

CARLOS: **"I'd like to make a prayer before we have lunch."** / "Eu gostaria de fazer uma oração antes de almoçarmos."
TÂNIA: "Carlos, quando você quer expressar o ato de orar, é mais apropriado dizer **'I'd like to say/pray a prayer before we have lunch.'** Os verbos **'say'** ou **'pray'** são comumente usados com 'oração.'"

Dica: O verbo **"say"** é geralmente usado quando se refere a fazer uma oração em voz alta, enquanto **"pray"** implica em fazer uma oração, seja em voz alta ou em pensamento. Por exemplo, **"She likes to pray quietly before meals,"** / "Ela gosta de orar em silêncio antes das refeições."

SOBRE O AUTOR

Márcio WIlford, autor do livro "Como Você Diria Em Inglês?", possui uma sólida experiência no ensino da língua inglesa, aliada a uma trajetória de dois anos como tradutor e intérprete. A partir dessa vivência, ele percebeu que a aprendizagem do idioma está intrinsecamente ligada a características individuais de cada aluno, desde aspectos motores até traços culturais.

Essa percepção o levou a acreditar que o ensino direto e

personalizado, por meio de aulas particulares, é a chave para captar essas nuances e desenvolver o melhor método de ensino para cada pessoa. Para ele, essa abordagem representa não apenas eficiência, mas também rapidez na assimilação do idioma.

Com um olhar atento às singularidades de cada aluno, Wilford busca constantemente aprimorar suas técnicas de ensino, proporcionando uma experiência de aprendizado enriquecedora e adaptada às necessidades individuais de seus estudantes.

www.ingramcontent.com/pod-product-compliance
Lightning Source LLC
Chambersburg PA
CBHW061032250726
48653CB00001B/68